課堂上的摩訶止觀

永本 著

貳

—前言—

圓頓的力量

禪修，是現代人陶冶生活、淨化心靈的良方。但是，禪修的方法非常多樣性，不了解禪修過程的相狀，容易產生異端，造成知見偏頗而誤入邪途。止觀，是禪的文字相，透過止觀的修學，可以了解禪的境相、層次、體狀、作用等，故參禪打坐可以藉由止觀的內涵，直探禪定智慧的本源。

中國佛教八宗的特色可概括為「密富禪貧方便淨，唯識耐煩嘉祥空，傳統華嚴修身律，義理組織天台宗」。天台宗「教理」高度的組織化，除了精密分析和綜合佛陀一代時教，並昇華出「圓融三諦」、「一念三千」的教相理論，同時還均衡的闡述四種三昧與十境十乘的修證法則，開創出「教觀雙美、乘戒俱急」的新天地。智者大師的教學思想，是將教相門之教理組織與實踐之觀心門融合而成一個體系，此種性格最鮮明的莫過於《摩訶止觀》，其宗教實踐的目的，則在究盡「諸法實相」。《摩訶止觀》所教導之「行」，即宗教的實踐，稱為「止觀」。「止」即「心的平靜狀態，去除情念」的禪定行；「觀」即「正確的認識」。即在禪定的基礎下，詳細的觀察世間的真實相。智者大師站在此種立場，將止觀方法作一種大幅度的展開，建立其獨特的教學體系，即是這部《摩訶止觀》。此書將「止觀」作為禪定的行法，整理出一種有系統的修行體系。這個體系從菩提心（堅固的意志）開始，預備的前行（二十五方便），從而導入「正修行」之實修，故又稱為「圓頓止觀」。而其實踐重點，可以用九個字來說明，即：菩提心、方便行、正修行。

菩提心、方便行

天台教學要得知「諸法實相」，為達成此目標的宗教實踐，則是「正修行」的修習。所以，第一步即是「菩提心的發起」，若不具備菩提心，佛道便無法展開。

但「菩提心」是什麼？書中，有多方面的論及。

僅有菩提心，也不能作為正修行的基本條件。為了追求菩提，更要對生活環境、生活方式、心的把握方法等等，作為接近佛道生活方式之確立，此即「二十五方便」。「二十五方便」並不是一種嚴格的規律，而是一種生活心得。

二十五方便的第一「具五緣」，是對於修道生活方式的敘述（持戒清淨、衣食具足、閒居靜處、息諸緣務等）。第二「呵五欲」，是對感官生活所現起的內心動搖的克服，使心不被物所拘。第三「棄五蓋」（貪欲蓋、瞋恚蓋、睡眠蓋、掉悔蓋、疑蓋），這是去除日常生活中的煩惱。第四「調五事」，調和飲食、睡眠、呼吸，以保持健康的身心。第五「行五法」，是為了追求菩提的自我要求。

如果依循上述生活方式，即是完全投入菩提的追求了。

正修行

《摩訶止觀》究極的教學目標，是要了知諸法實相，其中不可欠缺的宗教實踐就是「正修行」。將心制於一處（止），把對象以如實的態度來照見（觀）。但是將所觀察的「諸法」與能觀察的「止觀」之關係加以整理，就成為一種新的教學體系，即智者大師所立的「十乘觀、十境」。

一切諸法的觀察

為了究盡諸法實相，智者大師將「諸法」分類為「十境」，明確的指出「行」的修習方向。此十境為「陰入界境、煩惱境、病患境、業相境、魔事境、禪定境、諸見境、增上慢境、二乘境、菩薩境」，其中「陰入界境」特別受重視，其餘的九境是將我們眾生現有被煩惱支配的心，依據其特徵而整理出來。當我們深入觀察陰入界境，遇到止觀不調時，才要觀察這九境，並不是要時常觀察九境的。

第一境的「陰入界境」是指「五陰、十二入、十八界」。五陰是指「包含我們在內的現象界所有的存在」，其構成要素為色（一般物質）、受（感覺作用）、想（表象作用）、行（心的意志作用）、識（識別作用）。十二入，指「一切的存在，是由主觀的感覺器官（六根）與客觀的知覺對象（六境）組成」。十八界，指「六根、六境，加上以六根、六境為條件而產生的六識」。簡單的說，這三者是人們內在的一切存在要素，因此陰入界境即指「一切諸法」。

以「陰入界境」為所觀境，再以止觀方法來觀察諸法，就能清楚的究盡其實相。

其中，最重要的是觀察識陰，智者大師認為「識陰即心，即一切諸法」，故而「觀心」即是「觀一切諸法」；將觀心予以徹底的發展，即能把握一切諸法的實相。

觀心的方法

觀心的方法，即四種三昧、一心三觀，與四句推檢。四種三昧，指常行三昧、常坐三昧、半行半坐三昧、非行非坐三昧；是修行時對身體的掌握，也就是從外在形式的規定，進而把握內心的方法。就形式來看，即是坐禪、行道。透過三昧的修持，引發內在的自覺心，即是「觀心」。所謂觀心，即不依特定的形式，自在的隨意觀察自心。面對所觀境時，如何能觀心？智者大師的解答是「十乘觀法」。

十乘觀法的內容為「觀不思議境、起慈悲心、巧安止觀、破法遍、識通塞、修道品、對治助道、知次位、能安忍、無法愛」。最初的「觀不思議境」，是教學思想上為了理解諸法實相，所作的最直接的實踐態度，其具體方法為「一心三觀」與「四句推檢」。

「一心三觀」是逐漸達到體悟諸法實相的一種實踐態度。首先為了得知實相，煩惱的對治是不可缺少的，天台宗將此煩惱分類為「見思惑、塵沙惑、無明惑」，其對治方法，即「三觀」：從假入空觀、從空入假觀、中道第一義觀。目的是要破除「對有的取著、對空無的偏執、墮於極端的智慧」。因此為了破除煩惱所作的「三觀」，實際上就是智慧的內容。修習三觀時，能得到三智（一切智、道種智、一切種智），在了達諸法實相時，也就對治了三惑。因此修三觀、破三惑、開發三智，如實知諸法的「空、假、中」之相狀，即是掌握諸法實相的三個階段。

在智者大師的教學思想根源中，諸法的實相是無法以思惟來表現的。因此正修止觀還有更深一層的實踐，引導行者悟入實相的境界；與此相對應的教說，即是「一念三千」。「一念三千」，指我們眾生的一念心中包含一切法（即三千諸法）。它的主題是在探究一切法的真實相，方法則是提出「心與一切法的關係」。

要了解「一切法」究竟是什麼，首先將「心生一切法」這個命題，用「四句推檢」來探究能生的心與所生的一切法之關係。這個方法是將一切存在的生起關係，以龍樹菩薩的四句「自生、他生、共生、無因生」檢索。「一念三千說」透過四句推檢的方式，解說一切法的究極相。這裡要注意的是，以「不可得」、「不二」來表達一切法的究極相（實相）。

因此，所謂「正修止觀」若以四句推檢來表示的話，即是要觀察除了「不二、不可得」以外，無法再用其他言說來表示的「絕諸言說、思議」境界。對智者大師來說，正修行的方法並不只是「一心三觀」，還包括解說用的「四句推檢」。

本書的四種三昧中的「非行非坐三昧」，及五略中的「歸大處」，亦有關於一念三千的說明。前者以四句推檢的方式來探究心的實相，後者則說實相的極至必須透過實踐才能體悟。這幾點是第七章正修章的主要論題。

一般人以為所謂的「一念三千」就是「一念心中具足三千諸法」，這其實並不正確。如前所說，作為一法的本身並不能稱為「有」，而是以「四句推檢」的方式，來證明一切都是「不二、相即」的關係。因此「一念三千」的骨幹，即是「四句推檢」與諸法「不二、相即」的關係。

後語

一九八一年因為恩師星雲大師及長老慈惠法師的引薦，向慧嶽長老（一九一七—

二〇一六）學習天台學。之後，因自身的資質愚鈍、懈怠放逸，致使對天台宗教義無有所成。為了顧念長老對我的期許，自二〇〇七年開始，連續四年在《人間福報》以單篇、料簡的方式，依次解說《摩訶止觀》的內容。寫作過程，主要參考湛然注釋智顗《摩訶止觀》之《止觀輔行傳弘決》來說明，同時參閱湛然之《摩訶止觀輔行搜要記》十卷、有嚴之《摩訶止觀輔行傳弘決助覽》四卷、道邃之《摩訶止觀論弘決纂義》八卷等。一來自我督促學習，二來希望藉此止觀的修行方法與觀念，提供給現代禪修者參考。敬請教界大德，不吝指教！

二〇一九年五月二十八日

目次

《課堂上的摩訶止觀》貳

第七章　正修行

《課堂上的摩訶止觀》參

第七章◆正修行

修習十境、十乘、四種三昧等行法。

正修行

諸境互發

基本上，禪境的發起必有其原則性之次第，十境也有互發之情形，例如境相本身不次第發起，或是重疊的發起；或行者會隨較強勢的境相先修，如煩惱熾盛，所以先於五陰而觀；或由於宿世已研習過某些次第，所以今世未必從五陰境觀起。

就法性而言，十境即是法界，法界之外更沒其他的法，因此不須要捨此就彼，也沒有所謂的次第之法，所以十境互發則無所謂次第的分別。

十境互發的情況有：次第、不次第，雜、不雜，具、不具，作意、不作意，成、不成，益、不益，難、不難，久、不久，更、不更，三障、四魔。

一、次第與不次第

次第有三種意義，即是法、修、發。法，說明次第的深淺；修，過去世曾經研習過或這一世次第而修；發，依次第修而次第發。

不次第也同樣有法、修、發三種意義。發，則不定或前發菩薩境或發陰入界境，雖然發的相沒有次第，但十種境相還是具足的。修，若四大不調就先修病患境，若增長四分（貪、瞋、癡、掉悔）煩惱就先修煩惱境，如此隨哪一項較強就先修那一境。法，指眼、耳、鼻、舌等五陰、十二入、十八界等皆是寂靜門、都是法界，何須捨此就彼？此言出自《寶篋經》所說，所以法界之外更沒有其他法可說次第相也。

從煩惱的角度來說，《無行經》說「貪欲即是道」，《淨名經》（《維摩經》）說「行於非道，通達佛道」，佛道既能通達，就沒有所謂的次第了。

病患為法界者

《淨名經》說：「今我生病，不是真的生病也不是沒有生病，眾生生病也是如此。」以此自我調和也度化眾生。維摩在方丈室中託病，而有維摩與文殊兩大菩薩的法義論辯；佛陀在雙林樹下，因告知背痛而有純陀請法，廣開法身常住之理。病患是法界就是這個道理。

談到十境互發時，有十種情況不同。從不次第相，法的角度而言，法法皆是法界真實相。

業相為法界者

業是五陰中的行陰。《法華經》說：「深達罪福相，遍照於十方；微妙淨法身，具相三十二！」（若能深知罪業與福德本是因緣無自性，同於法性無二無別，當下即是具足三十二相的清淨法身。）業也是因緣所生，沒有能主宰或不變的業力行為，若眾生能以此業而得度，雖現各種業行為但不執著此業的實有性，就沒有束縛與解脫之別了。觀音的普門示現，雙照束縛、解脫的無自性，故名深達。

（一）魔事為法界者

《首楞嚴經》說：「魔界如、佛界如，一如無二如。」魔界與佛界的真如法性是相同的，二者無不同。

（二）禪為法界者

坐禪中能觀心性，名為上定，即是首楞嚴三昧，一切三昧皆入於其中。

（三）見為法界者

《淨名經》說：「以邪相入正相，於諸見上心不為之所動而修三十七道品。」三十七道品以見為門、以見為侍，《淨名》說：「菩薩於諸見而不動，於生死而不捨。」即是侍者義。

（四）慢為法界者

與煩惱相是相同的。觀慢心是因緣所生、無有自性，當下即無慢心，慢中的慢、大慢、非慢、非不慢等意義也是無有自性，了知此義即入大涅槃。

（五）二乘為法界者

二乘人但見空，不見不空，智者見空也見不空。空是真諦理，聲聞人所修，不空是菩薩所修的俗諦理，若能斷除聲聞法的實境心即是諸經之王，聽聞了此法後能審諦思惟就能接近無上道果了。

（六）菩薩境為法界者

從惡的生死乃至小乘都是因緣無自性、都是法界，何況是菩薩法？又菩薩的方便即是權巧，權巧即是真實，非權巧也非真實，如果能了知其祕密隱藏的無自性即入大涅槃，故世間一切諸法無一不是法界。

二、雜與不雜

若十境中，發一境後，接著又發一境，次第歷歷分明，是為不雜。若發陰入界境後，同時又發煩惱境，煩惱境還沒有去除又發業相境、魔事境或是發禪定境、諸見境、增上慢境等，交錯生起，是為雜。雖然是雜，所發的境相，不出這十境的範圍。

三、具與不具

若觀修時，十境都發是名具足。發境時，只發其中九種境或八種境叫不具。從第一項的次第與不次第、第二項的雜與不雜，都含有具與不具的意義。修觀時，十種境都發，又稱總具。境界發時，十個數目不具足，是名總不具。

十境發相又有橫具與橫不具、豎具與豎不具等分別，例如：觀修時，從色界的初禪發到二禪、三禪、四禪乃至無色界的空無邊處定、識無邊處定、無所有處定、非想非非想處定等八定，是名豎具。若只到達不用處定，是名豎不具。

又，觀修時，發通明禪、八背捨等禪定，叫橫具（因通明禪與八背捨可以於四禪八定中，任何禪定中轉修而發）。若觀修時，只發七種背捨，是名橫不具。又，若從初禪次第發至四禪，是名豎具。若只到三禪，是名豎不具。其餘現象也是如此。

四、作意（修）與不作意（不修）

觀修時，以作意來修陰入界境，是名因修而發。若沒有作意，在禪定中，自己發起陰入界相而通達色心二法，是名不修發。乃至到菩薩境也是如此。

五、成與不成

指發一個境界時，能究竟成就，一境成就後再發其他的境，其他的境也能究竟成就，叫做成。若發任何一種境忽起忽滅，不但境相數目不足，於境相中也不清楚，是名不成。

六、益與不益

這是境相發時，對於修習止觀有利益與無利益之別。觀修時，若發惡境，對於修學止觀大有利益，可以明淨轉深，是名對修止觀之益。觀修時，若發善法，對於修學止觀易生執著，損其寂靜、觀照之力；有時是增加寂靜而失去觀照力、有時是增加觀照力而失去寂靜，是名不益。

七、難發與不難發

是指修觀十境時，因眾生的根機、因緣不同，善法或惡法生起的困難、容易的情形，或是兩者生起都很困難，或兩者生起都很容易，即是難發與不難發的情況。

八、久與不久

修觀時，十境發相中會有其中一境久久不會退去，或者生起其中一境時，即時生起又很快退去，即是久與不久的意義。

九、更與不更

修觀時，十境的發相會有其中一個境相一次再一次的重複發，或有些境相一發之後就不再復發，即是更與不更的意義。

以上是境相發的情況，應該善知其意義，不可執相取著，若有境相時，須要以止觀來加以對治。

十、三障與四魔

三障，如《普賢觀經》說：閻浮提的人有三種重障即報障、煩惱障、業障。十境中的陰入界境、病患境是屬於報障；煩惱境、諸見境、增上慢境是屬於煩惱障；業相境、魔事境、禪定境、二乘境、菩薩境是屬於業障。

三障會障礙修習止觀，不能清明寂靜，阻塞菩提的增長，令行人無法通達至五品弟子位、六根清淨位，故名為障。

而四魔指的是陰入界魔、煩惱魔、死魔、天子魔。陰入界境是屬於陰魔；業相境、禪定境、二乘境、菩薩境等是屬於行陰，也是陰魔的範疇。煩惱境、諸見境、增上慢境等是屬於煩惱魔。病患是屬死的原因之一，名死魔。魔事境即是天子魔。魔名為奪者。破壞行人修觀，奪取行人的慧命，又名奪命；破壞行人修止，讓行人身不能調和，亦名奪身。又，魔的名義叫磨訛（持續錯誤不斷），因為修觀時，因方法理念錯誤，故讓行人意念昏暗，所以叫做磨訛；修止時，錯誤的理念與方法會讓行人散亂放逸，故為魔。

在此十境內，陰入界境是指一般行者身心所受無時不現前者，固有其必要以此作為觀境，但自第二境以下之諸九境並非行人時常可以感受到，只有生起時才作為觀境，而因生起的境相不定，所以才有此十類之別。

十境互發的情形，智顗大師說這是因行人修觀時，各人的根器與業力因緣不同所致。

灌頂大師針對行人容易生起的疑問補充說明

為何會有諸境互發的情形？諸境互發的現象，都是由於過去世與現在世的因緣所致。過去有漸觀的種子，今逢修觀的因緣，因此次第發起境相。過去有頓觀種子，現在修觀時，就會不次第而發起各種境相。

過去有各種修觀不定的種子，就會產生諸境交錯生起的現象。過去修觀時，同時數境皆發，現在世修觀也會十境皆發。過去世修觀時，發起境相數目不定，今世修觀也會如此。

過去世曾經證得境相，今世修觀發起境相則容易成就。過去世雖修但無法有證相，今世修觀也不容易成就境相。

過去世修觀的善因強，今世雖然不修也會發起境相。今世修觀因緣力強，等修觀時就會發起境相。若有過去的修因，加上今世修觀的因緣，二者因緣和合、具足善巧，能回向佛道，今世發起境相時，則能利益禪定之生起。

過去世的因緣中，修觀的境相不但沒有次第又含混煩惱雜染，則今世修觀時，容易影響禪定的生起。

若發起的境相因緣力弱，則發起的境相就不能持久。若發起的境相因緣力強，發起的境相就能持久。修禪定時，引發的粗住心，或細住心，乃至四禪的境相，也是如此判別發起境相的強弱。

好的境相容易發，是因為煩惱的障礙輕；好境相不容易發，是因為煩惱的障礙重。惡的境相不易發起，是由於行人根器利的緣故；容易發起惡的境界，是由於行人根器較鈍的緣故。想要滅除惡的境相，要知道對治方法，善的境相可以由境相發起的現象來判斷，這其中的關鍵須要用智慧去審查，若無法獲得好老師的指導，就容易錯判是非，故行人於修觀時，必須謹慎行事。

行人問及十境內容

或許有人會問：佛法如塵沙般的多，為何境相要定為十種？譬如一個大地能生出種種的芽，其數目的多少就不廣說了，但其意義很容易明了，故以十個境來作說明。

十境的總相、別相，其意義說明如下：

我們受生於人間的開始是由於有此色身，各種經中提到修觀大都是從色身開始起觀，所以以陰入界境為第一境，既然以陰入界境為根本，就會有此五陰的原因、五陰的病患、五陰之主、好的五陰等內容。

（一）若論通相與別相，以最初的陰入界境而言：名為陰是以五陰為本的陰入界境。煩惱及業，名為五陰之因。病患境是五陰的病患。魔是五陰的執持主，這是讓人無法出離三界的緣故。禪定境是善的五陰所成，若以十境來說，禪定是好的五陰所成就。諸見境與增上慢境，是依五陰而生起。

十境生起的內容都離不開陰入界境，這是從通相來說的。但十境皆有其生起之境相，故名為別。其他九境的意義也是如此。

（二）若以煩惱境來論通相：諸見境與增上慢境是煩惱，陰入界境與病患境是煩惱的果，業相境是煩惱的因，禪定境是煩惱的用（因為三果羅漢前的禪定都是有漏禪，仍然會被煩惱所束縛），魔事境是煩惱的主人，二乘境與菩薩境是別煩惱。

（三）若以病患境來說：陰入界境是病患境的根本，煩惱境、諸見境、增上慢境是煩惱的病，《淨名經》說：「今我此病，皆從前世妄想顛倒諸煩惱生。」業相境也是一種病，《大般涅槃經》云：「我今病重」即是指五逆罪為病也。

魔也能作病，三災（刀兵、疾疫、饑饉）為外過患，喘息、喜樂是內過患。禪定境有喜樂受，喜樂受會障礙深入禪定，二乘境、菩薩境是執著境界的空病所致。

之前，從十境來論通相的情形，已論及陰界境、煩惱境、病患境的通相，再繼續說明其他境相。

（四）業相境：陰入界境是業相果報的呈現；煩惱境、諸見境、增上慢境是造業的根本；病患境是業報的顯現；魔事境是破壞功德魔的業力；禪定境是無（動）造作的業力；二乘、菩薩是無漏的業力。

（五）魔事境：陰入界境是五陰魔；煩惱境、諸見境、增上慢境，即是煩惱魔；病患境是死魔；魔事境本身即是天子魔。其餘的禪定境、二乘境、菩薩境，都是行陰魔所含攝。

（六）禪定境：禪定是自身的境相。陰入界境、煩惱境、諸見境、增上慢境、業相境等，皆是十方法界中，心數法也是定力所攝（心專住一境為性）；魔是在未到地時會產生的現象，也是心數法定力所攝；二乘境、菩薩境，是清淨禪定所攝。又，

《大般涅槃經》：「一切眾生具足三種定。」即是上定是菩薩、二乘所攝；中、下二定是其他八種境所攝。

（七）諸見境：陰入界境是我見、眾生見所生；煩惱相具有五見（我見、身見、邪見、邊見、戒禁取見）；病患境是執取生死是常，故是邊見；業相境、禪定境，皆是因作為而有，是屬於戒禁取見；魔事境也是作為所生，亦屬於戒禁取見的範疇。增上慢是我見所含攝；二乘境、菩薩境等，皆是佛境之偏，也是曲見（非直道故）所含攝。如左頁圖：

之前，從十境來論通相的情形，最後再論及增上慢境、二乘境、菩薩境的通相。

（八）增上慢境：增上慢境、陰入界境，是「我慢」所含攝；煩惱境是即「慢慢」所含攝；病患境，是「不如慢」所含攝；業相境即「憍慢」所含攝，因憍故造業的緣故；魔事境即是「大慢」所含攝；禪定境也是「憍慢」所含攝；諸見境是「大慢」所含攝；二乘境、菩薩境，是「增上慢」所含攝。

《成實論》說：以邪心自己覺得了不起，名「慢」。慢心中，覺得自己勝過別人，是「大慢」。以勝過別人而自我貢高，是名「慢慢」。於五陰中執取我相，名為

業相境

- 陰入——業果
- 煩惱、見、慢——業本
- 病——業報
- 魔——魔業
- 禪——無動業
- 二乘、菩薩——無漏業

魔事境

- 陰入——陰魔
- 煩惱、見、慢——煩惱魔
- 病——死魔
- 魔——天子魔
- 業、禪、二乘、菩薩——行陰魔

禪定境

- 禪——禪定境
- 陰入、煩惱、見、慢、業、魔——心數法
- 二乘、菩薩——淨禪

諸見境

- 陰入——我見、眾生見
- 煩惱——五見
- 病——邊見
- 業、禪、魔——戒禁取見
- 慢——我見
- 二乘、方便菩薩——曲見

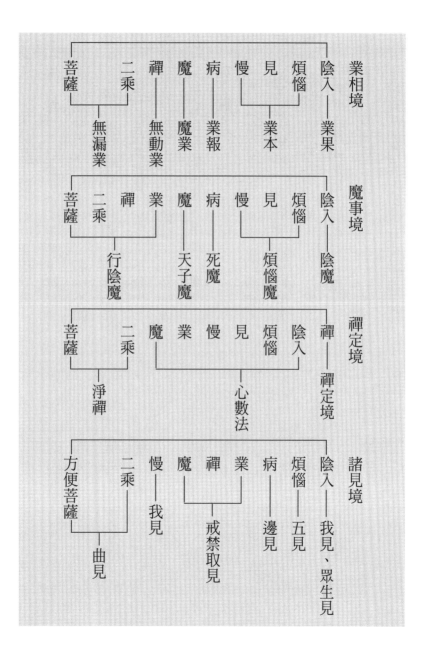

「我慢」。未證初果說已得初果等功德，名「增上慢」。以要勝別人很多才歡喜，雖有少許勝過別人，卻不歡喜，名「不如慢」。沒有德行卻自我貢高，名為「邪慢」。或以惡法為自高，亦名「邪慢」。對於善人及長者中，不肯禮敬，名為「傲慢」。具有以上的現象，名為「憍慢」相。如下圖：

（九）二乘境：以四念處、四諦法，能含攝其他九種境。菩薩境：以四弘誓願，能含攝、獲得其他九境。

已說明十境間互相的關係（通相），以下再進一步闡釋。

十境與法的內容，可以互相融通，修

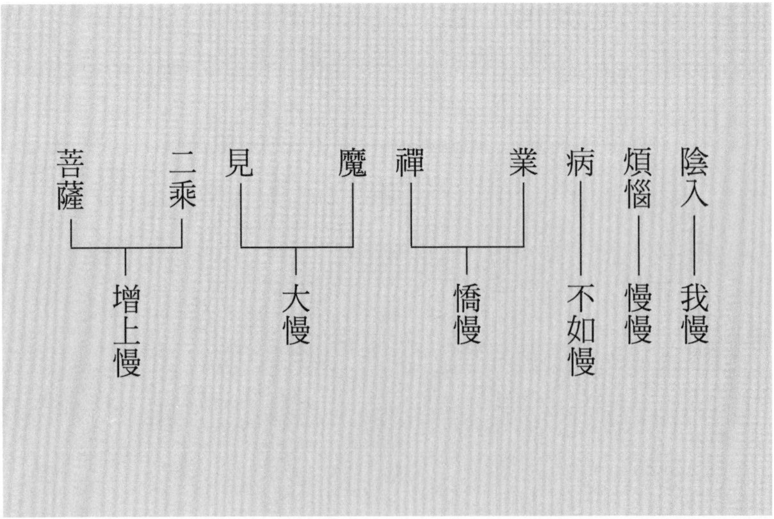

行的人是否也能融通？《大般涅槃經》云：為何未發菩提心者得菩提因，前九境的人也通稱菩薩人？通的意思，通指二乘，而二乘則有四種聲聞，依《妙法蓮華經憂波提舍》說有四種聲聞：一者決定聲聞；二者增上慢聲聞；三者退菩提心聲聞；四者應化聲聞。增上慢的聲聞，含攝菩薩以下八境；應化聲聞，含攝菩薩人也。

十境的通相是無常？《寶性論》說：「菩薩住於無漏界中，會有常的顛倒。」凡一切法皆無常故。

如此，通相的意義可以領解，別相的意義如何？十境的內容，各不相同，即個別境的意義。又，有些境是含通與別的意義，如：陰入界境是受持色身的根本，又是觀察智慧的開始，所以，別義中以它為首；而別義中，後面的九種境，是五陰身所發的不同現象而得名，所以陰入界境是通相、也是別相。

論修持十境時之通相，再說明別相的意涵

至此，依理解，煩惱也是諸法的根本，為了對治煩惱，也應該是觀智慧之初。病

患，是由於身體四大不調所致，為了治病，也應該是觀法之初。為什麼不具有通與別的意義？因為假使色身有煩惱，是屬於前世造業的結果。若今世有煩惱，是由於身體造作而有，病不會常常生起。故，諸經論中，不以病患為觀法之初，也不含通義與別義。

以下說明十境各別所對的法義。四念處，是屬於五陰；觀空聚，是屬於十二入；無我，是屬於界的範疇；五停心觀，是煩惱的對治；八念法，是病患的對治；十善，是屬於業的範疇；五種繫縛，是屬於魔的範疇；六妙門，是禪定的範疇；三十七道品，是諸見的範疇；無常、苦、空，是對治眾生慢的範疇；四諦、十二緣是二乘法義的範疇；六度，是菩薩修持的範疇。對比如下：

五陰	四念處
十二入	觀空聚
十八界	無我
煩惱	五停心觀
病患	八念
業相	十善
魔事	五縛（即繫縛心心所法及所緣之五種煩惱）
禪定	六妙門
諸見	三十七道品
增上慢	無常、苦、空
二乘	四諦、十二因緣
菩薩	六度

心、色外的其他觀法

又，五陰都是所觀的境；除色、心之外，是否還有別的觀法？不思議的境與不可思議的智慧，即是從五陰來作觀的，也可以分別：不善及無記的五陰是境；善的五陰是觀。觀既純熟，就沒有惡與無記了，只有善的五陰。善的五陰會慢慢轉成內凡位（見道位前）的方便五陰，方便五陰會漸漸轉成證入羅漢的無漏五陰。進一步，無漏五陰也會轉成法性五陰（法性身），以上種種，皆藉由觀五陰所得，小乘尚且如此，何況大乘的不可思議境？

所觀境的色身五陰轉了，報身的五陰是否也可以轉？《大品般若經》說：「色身清淨，故受、想、行、識清淨，般若亦清淨。」又說：「色身清淨，所證果相亦清淨，受想行識清淨，其果相亦清淨……色身清淨故，即般若波羅蜜清淨；般若波羅蜜清淨，即色身清淨；受想行識清淨故，即般若波羅蜜清淨；般若波羅蜜清淨，即受想行識清淨。」《法華經》也說：「顏色鮮白，六根清淨。」就是這個意思。

十境與五分的區別

五分是從禪定的角度來說，十境互發是從境界來談的。假使境界發的時候，若依次第發或不依次第發，一發就到最後的菩薩境，就是進分；從第一境開始，歷經九境而至最後，是為住分；若能於任何境中，作意受持，是為護分；假使境界一發，就消失了，是為退分；若能境境通達，是為達分。

但是這五分、十境的現象都是法呈現的相貌，其意義是相輔相成的。

具足十法界

法性是離開能思惟的念頭，也是遠離一切的所緣境，法性既離能所，觀一法性，性淨如虛空，如何於虛空中，能具足十法界？不可思議境界中，見世間雖無固定相（法性空故）而相貌猶存，觀照的智慧也是宛然存在的。什麼是不可思議？就如同「須彌納芥子，芥子納須彌」，世間罕有，名不思議。又如火中出蓮華、菩薩能渡生死苦海，就稀有之事來解說不思議。法性的體性是無心、無念、無能行、無能到，這種不思議的道理能從理中生起觀照的作用，是為殊勝之事。

又，十法界中，每一界中都互相具有陰入界，這是屬於因還是屬於果？六凡、四聖皆具五陰、十二入、十八界，所以十法界互相具有的，只是聖人的陰入界是不同於凡夫的，至於陰入界與十法界的因果關係是因果一致的，但果相是顯的，容易知道，而因是隱藏的，很難得知。例如：在地獄界有慈童女，是顯現之果，而其在地獄中發心成佛，則是隱，發心雖是隱，並不影響她成佛之顯現能力。又，佛具五眼，豈可以人天果報來解釋佛眼；佛具五行：病行是四惡界；嬰兒行是人天界；聖行是二乘法界；梵行是菩薩法界；天行是佛法界。

最後再說明一念具十法界，是念頭上具足？還是任運中具足？一念具十法界，並非起心動念時才具足十法界，而是心念十法界，亦可說任運心念就具足十法界。同樣的道理，一花一世界，一微塵一宇宙，宇宙之大，在空間只是微塵之累積；時間之長，只是一個心念的延續。

觀陰入界境

接下來分別說明十境，每一境配以十乘觀法來觀修。首先介紹《摩訶止觀》十境中的第一境陰入界境。

在陰入界境中，首先，觀五陰之識陰（一念心）為不可思議境，進而配合餘九法而修之。於修十乘觀法時，可坐中修或歷緣對境修，現在先就端坐觀陰入界境而論。陰入界境主要是見思兩惑都是唯心起用而生萬法，因此以發菩提心對治，以他力、自力來安心，然後才能破除錯誤因果見，就能遍破一切法。

觀陰入界境即是指五陰、十二入、十八界也。「陰」者，陰能覆蓋善法，此就因得名；又陰是積聚的意思，因煩惱積聚故生死輪轉，此就果得名。「入」者，涉入，也稱輸門（輸入的門戶）。「界」名界別，亦名性分（因性質而分別）。

今《阿毗曇毗婆沙論》說明陰（蘊）、入（處）、界三科的開合。在五陰的身、心二法中，若迷於心者，開心為四陰，色為一陰也（五陰）。若迷於色者，開色為十入，有一入是少分的；心為一個意入，加上少分的法（共十二入）。若色、心俱迷者，就開為十八界也。

今論陰的種類有九

一、果報五陰：吾人一期果報的身心，名為果報五陰，如吾人今生的高矮胖瘦身心即是。二、無記五陰：念頭上沒有好壞等的分別，是名無記五陰。三、四、汙穢五陰：生起愛、見兩種煩惱的五陰，名汙穢五陰。五、六、善惡五陰：於身口二業造作善惡業，名善惡五陰（含善的五陰與惡的五陰）。七、工巧五陰：能變化示現救度眾生之五陰，名工巧五陰（包含工巧五陰與變化五陰）。八、方便五陰：指修習總相念處、別相念處及煖、頂、忍、世第一法等五陰身，名方便五陰。九、無漏五陰：證入四果羅漢的五陰身，名無漏五陰。如是種種的五陰身皆由吾人的心念所生。

《正法念處經》說：「心如畫師的手，能畫出五彩，黑、青、赤、黃、白、白白等色。」黑色譬喻地獄，青色譬喻鬼，赤色譬喻畜生，黃色譬喻修羅，白色譬喻人，白白譬喻天。若依《華嚴經》說：「心如工畫師，畫種種五陰。」三界內、三界外的一切世間中，莫不從心所造而形成的。

從觀心十門觀照陰入界境

十門即十乘觀法：一、觀不可思議境；二、起慈悲心；三、巧安立觀；四、破法遍；五、識通塞；六、修道品；七、對治助開；八、知次位；九、能安忍；十、無法愛。

此十門生起的次第，是觀不可思議境就應生起救度眾生的慈悲心，有了慈悲心後再發救度眾生之願力，有了願力的策勵就會有度眾的善巧方便，有各種法門的善巧方便就能破除一切煩惱障，同時在破除煩惱惑中，認知障礙修持定慧的問題癥結而能以三十七道品等法門來對治，幫助開發定慧。

進入各種道品位階時，不僅自己，連他人都能了知道品之高低深淺，於此所證的道品階位中，身心安住於清淨的境地，外境的榮華忍辱皆不為之所動，也不執著所證得的品位，故能迅速進入菩薩位。

以第一項觀不思議境角度看陰入界境的內容

觀心不可思議境，又可從思議與不可思議兩方面說明。說明思議法，又可從其理由、相貌、境界三個角度分析。

（一）可思議的理由：小乘的教義也說心生一切法，即是一般所說的六道因果，三界輪迴的相。若從去凡欣聖的立場，則是棄除下界的煩惱而提升到上界，去除世間的苦與集，成就出世間的滅與道，獲得解脫涅槃，這是透過可造作的四諦法門，所以是可思議的法。而大乘的教義也說心生一切法，但其內容是四聖六凡的十法界。

（二）可思議的相貌：若從觀心的角度，心是有善有惡的，惡的三品指地獄、畜生、餓鬼的三途因果。善的三品是阿修羅、人、天的因果。觀此六品是無常生滅的，而能觀的心也是念念不住的。

（三）可思議的境界：能觀的心與所觀的境都是由因緣所生，既是因緣所生必然是空無自性，無自性即是空，此是二乘人的因果法則。

世間的人觀此無自性的空，容易沉迷空境及執著於有的現象，故菩薩生起大悲心，應用假合的因緣來廣度眾生。菩薩視世間一切是假有的，所以不執著於世間相，不著於世間相又能利用世間因緣來廣作佛事，此即是菩薩的因果法則。

若觀此思議法，能度、所度都是中道實相，畢竟清淨，沒有所謂的善惡、有無、誰度誰不度，一切法皆是如此，此即是佛的因果法則。

所謂思議境是說明四聖六凡的十法界，不管其層次的深淺皆從心所生，雖然是大乘無量四諦所攝的範疇，也還是屬於可以思惟的境相，不是圓頓止觀要說的內容。

（四）不可思議境：如《華嚴經》說：「心如工畫師，造種種五陰；一切世間中，莫不從心造。」種種的五陰即是前面所說的十法界的各種五陰，說明不可思議境可從性具三千的角度來細說，故首先論十法界義，而法界的意義可從空、假、中三諦立場作闡釋。

所謂十法界是佛、菩薩、緣覺、聲聞、天、人、阿修羅、惡鬼、畜生、地獄。從空諦的角度而言，所謂法界，十個數目是能依，法界是所依，能所合起來稱為十法界。從假諦而言，此十法界，各各法界都有其因果的關係，互不違背。中道諦而言，此十法界，每一法界的體性都是法界（無自性故）。

從一念三千的思想來說，十法界中，各個法界皆含三種世間，這三種世間只是十法界、五陰身（假名為眾生）所依的國土。三種世間為五陰世間、眾生世間、國土世間。

五陰世間共有十種

十法界的陰入、界入，各有不同：地獄、餓鬼、畜生三惡道的眾生是有漏的惡陰入界；阿修羅、人、天三善道眾生是有漏的善陰入界；聲聞、緣覺二乘人是無漏的陰入界；菩薩亦有漏亦無漏的陰入界；佛是非有漏非無漏的陰入界。

為何佛是非有漏非無漏的陰入界？《大智度論》說：「因為涅槃是無上的五陰」。《涅槃經》說：「因滅世間生滅變化的無常色，獲得常住不滅的法界常色，受想行識也是如此。」

三種世間中，因十種陰界入的不同，故名「五陰世間」。以下介紹「眾生世間」。

因陰界入不同，故眾生不同：若是三途的惡道眾生，是罪苦眾生；若是人天的陰界入，是受樂的眾生；若是無漏的陰界入，是真諦聖人的眾生；若是慈悲的陰界入，是菩薩眾生；若是常住不變的陰界入，是極尊貴的眾生（佛）。

《大涅槃經》說：「中陰身初受胎時的歌羅邏，會依父母不淨及過去業而受身，故名字不同，乃至到老時的名字，也會有所不同。如：發芽時名字不同，乃至成熟果實時，名字也會不同。」一人一期的生命，都有各種不同時段名稱的差別；何況十法界的眾生，怎會有相同的名稱？故說是「眾生世間」。

三種世間，已解釋「眾生世間」，接著介紹「國土世間」。

十法界眾生所居住的地方，都通稱「國土世間」。地獄的眾生是依赤鐵居住；畜生道的眾生，依地、水、空住；阿修羅道的眾生，依海畔、海底住；人是依地住；天人是依宮殿而住。修六度菩薩與人一樣，依地而住。通教的菩薩，因煩惱尚未斷盡，所以依人、天般而住；煩惱斷盡的通教菩薩，是依方便有餘土而居住。別教、圓教菩薩，煩惱尚未斷盡者，同人、天的方便土居住；斷盡煩惱的菩薩，依實報莊嚴土居住。如來是依常寂光土[1]居住。如左頁圖：

十法界眾生		所居國土世間
地獄		依赤鐵住
畜生		依地、水、空住
修羅		依海畔、海底住
人		依地住
天		依宮殿住
六度菩薩		依地住
通教菩薩	惑未盡──	同人、天住
	斷惑盡──	依方便土住
別教菩薩 圓教菩薩	惑未盡──	同人、天、方便土等住
	斷惑盡──	依實報莊嚴土住
如來		依常寂光土住

十法界的眾生，各個法界的國土不同，故名「國土世間」。

又，十種法界的五陰身，一一都各具足十法，謂：如是相、性、體、力、作、因、緣、果、報、本末究竟等。

十如是之中，「相」即是相狀，指外在之形相；「性」即是不變，指內在的本性；「體」即是以相、性為屬性的主體；「力」即是體所具有之潛在能力；「作」乃顯現動作者；「因」指直接原因；「緣」為間接原因；「果」即由因緣和合所生的結果；「報」指果報。以上之因緣果形成後世之果報。

「本末究竟等」之中，「本」指開始之相，「末」指最末之報，「等」指平等；即以上之如是相乃至如是報皆歸於同一實相而究竟平等，故說本末究竟。

十如是中，可以把十法界分成四類：三途、三善、二乘、菩薩與佛等四類。

三途以苦為其相，以惡業的聚集為其性，能摧折色心為其體，登刀山、入火鑊為其力量，生起十種不善的行為是其造作，有漏的煩惱惡業為其因，以愛、取等為其緣，承受惡的結果為其果，墮入三惡趣為其報，從開始的相到最後的報都是愚癡。

三善以樂為其相，以善業聚集為其性，能提升色心為體，快樂感受為其力量，生起五戒十善為其造作，善的業為其因，善的愛、取為其緣，善業養成為其果，人天是其報，就其假名而言，從開始到後面的相都是如此的。

二乘聖者以涅槃為其相，以解脫煩惱為其性，五分法身[2]為其體，沒有煩惱的繫縛為其力量，三十七道品為其作為，無漏智慧行為因，每一種的修行都互相為緣，以四果羅漢為果，不再有人間的受胎，已悟入無生故。

已介紹十如是「三途」、「三善」、「二乘」的內容，現在說明「菩薩、佛」類者。

「菩薩、佛」類者以緣因佛性[3]為其相，以了因佛性[4]為其性，以正因佛性[5]為其體，以四弘誓願為其力，以六度萬行為其作，以智慧莊嚴為其因，以福德莊嚴為其緣，以阿耨多羅三菩提為其果，以大涅槃為其報。十如是約四類來分別，如次頁圖：

假使是聲聞聖者，只有九項（沒有第十項）。若依大乘三種佛身的意義來講，佛有報身。若依斷除煩惱盡的意義而言，就不會有「後報」。第九項與第十項的意義，由此可斟酌、了解。

以因緣的法則來說，三界內外的生死，都有順、逆之別；順生死者，是有漏的煩

十如是	三途	三善	二乘	菩薩、佛
1.如是相	表苦	表樂	表涅槃	緣因佛性
2.如是性	定惡聚	定善聚	解脫	了因佛性
3.如是體	摧折色心	升出色心	五分法身	正因佛性
4.如是力	登刀入鑊	樂受	無繫	四弘誓願
5.如是作	起十不善	起五戒十善	道品	六度萬行
6.如是因	有漏惡業	白業	無漏慧行	智慧莊嚴
7.如是緣	愛、取	善愛、取	行行	福德莊嚴
8.如是果	惡習果	善習果	四果	三菩提
9.如是報	三惡趣	人天有	無報	大涅槃
10.如是本末究竟等	本末皆癡	假名初後相在		

惱業為因，愛、取等貪著為其緣；若逆生死者，是以無漏的正慧為因，以每一種修行互為緣，都能破除煩惱減少造業。順三界外的生死，也是以無漏智慧為其因，以無明等為其緣；若逆界外生死，即是以中道智慧為其因，以六度萬行為其緣，都能轉化變易生死。其他的法門，也是如此。如下圖：

順生死	因：有漏業	緣：愛、取等	
逆生死	因：無漏正慧	緣：行行	損生破惑
順界外生死	因：無漏慧	緣：無明等	
逆界外生死	因：中道慧	緣：萬行	損變易生死

眾生世間、國土世間與十如是、心的關係

眾生世間皆是假名、沒有固定體性，分別都有實際的法相，但皆因假名而施設的。如三惡道眾生都有相、性、體、力、究竟等十如是，三善道的眾生也有相、性、體、力、究竟等十如是。二乘無漏的聖者也是有相、性、體、力、究竟等十如是。菩薩與佛等法界同樣具有相、性、體、力、究竟等十如是。

國土世間亦具有十如是的法，惡國土的相、性、體、力等十法；善國土、無漏國土、佛菩薩國土也具有相、性、體、力等十法。

故，一心具足十法界，一法界又具足其他十法界，即成百法界，一法界具有三種世間、十如是，即成三十種世間，所以百法界中各具三十種世間，即成三千種世間。此三千在一念心中，若無心則已，若有心的話就具三千，當下一心中就具足三千諸法。（10×10×10×3=3000）

宇宙萬法都不能單獨存在，所謂法不孤起，必待有因緣時才會生起，因三千諸法就是一法，一念心也是一法，不但三千諸法在於一念心中，而且一念心也在三千諸法

當中。

可見，有智慧的人是懂得心物一體的道理，不是心含萬物而是萬物與心合一，也不見心生萬法而是心與萬物合一。就以心與法之間沒有前後關係來說，這就是性具思想。之前提到一心與三千諸法之間是互相具足的，現在我們這個心也是如此。

若從一心中能生一切法的角度而言，這是從縱的角度來說的，若以心在一時間中能含一切法，這就是橫。

不管縱也好橫也好，這心能生一切法，一切法就是心，沒有所謂縱橫或一異之別，這其中的玄妙不是一般心識所能認知也不是言語能說得清楚，所以稱為不可思議境，它的意義就是如此。

修德不可思議境分自行不可思議、化他不可思議，先說明自行修德不可思議

心要生起必須假託外緣，是心具三千諸法還是因緣具足一切法？又或是共同具足一切法還是個別具足一切法？假使是心具足，那麼心生起就不須要有緣了？假使是因

緣具足，既然因緣能具足一切法，那與心又有何關係？假使是共同具足，未來、共同的現象都沒有，怎麼會有共同生起的情形？若是分別具足，既然離心或離緣，那麼心如何具足一切法？這四種情形尚不可得，如何說心具足三千諸法？

修持《十地經論》的論師說：「一切解、惑、真、妄，都是依持法性而有分別。法性中有真、妄；真、妄是依法性而分。」《攝大乘論》說：「法性不為煩惱（惑）所汙染，也不會因真如而比較清淨，所以，法性不等於依持。所說的依持，指的是阿賴耶識也。」阿賴耶識[6]盛持一切的種子。

若從地論師的論點來說，則心具足一切法，視法性與阿賴耶識是一體兩面，所謂心具一切法即是指阿賴耶識生一切法。若從攝論師的角度而言，則因緣具足一切法，因為萬法雖千差萬別，但總不離法性，既然萬法不離法性，法性即具足萬法，但法性不受萬法的染、淨所影響。

這兩種論師的看法各據一邊，兩者之不同是，地論師視法性、阿賴耶識為一體，攝論師視法性、阿賴耶識為不同體。智顗大師批判兩者，主張法性與阿賴耶識之關係為非一非異。

從二角度論智顗大師對於地論師與攝論師的看法

若是法性能生一切法，法性既不是心也不是緣，既不是心，確能心生一切法，也不是緣，確能應緣生一切法，為何獨說法性是真妄依持？若是說法性不是依持，阿賴耶識是依持，離法性之外，別有阿賴耶識的依持，就與法性無關；若法性不離阿賴耶識，阿賴耶識依持，即是法性的依持，為何單獨說阿賴耶識是依持？

這兩種論點都與經義相違背。依《大品般若經》說：「不依內、不依外、不依兩中間。」又，地論師與攝論師的觀點也違背龍樹菩薩的思想，龍樹菩薩在《中論》說：「諸法不自生，亦不從他生，是故知無生。」

地論師與攝論師對法性與阿賴耶識的不同看法，若從譬喻來說，吾人是因為依心才有夢，還是因為睡眠才有夢？又或是睡眠與心和合才有夢還是離心離睡眠才有夢？假使依心而有夢，沒有睡眠也應該有夢。若依睡眠而有夢，死人如同睡眠，也應有夢。假使睡眠與心，兩者和合而有夢，睡眠的人哪有不作夢的？

又，睡眠與心都各自有夢，那和合時會有夢嗎？假使睡眠與心各自都沒有夢，那和合就不應有夢。

假使離心、離睡眠而有夢，那虛空是無心、無睡眠，也應該常有夢才對！

但四句求夢尚不可得，如何於睡眠中夢見一切事？

心譬喻法性，夢譬喻阿賴耶識，為何偏說法性、阿賴耶識能生一切法？所以，此四句求心不可得，求三千諸法亦不可得。

既然從橫說的四句生起三千諸法是不可得，那縱的方面，一念心滅能生三千諸法嗎？心滅尚且不能生出一切法，如何能生三千諸法？

若從心亦滅亦不滅來說，能生三千諸法也是亦滅亦不滅，但其性質是相違背的，猶如水火一般，二者都不能成立，如何能生三千諸法？假使心非滅非不滅，能生三千諸法，那非滅非不滅既非能（主）也非所（客），如何能、所生出三千諸法？

不管縱或橫，求三千諸法不可得；非縱非橫，求三千諸法也是不可得。所謂「言語道斷，心行處滅」，故名不可思議境。當知在第一義中，一法尚不可得，何況是三千諸法？在世俗諦中，一心尚且具足無量諸法，何況是三千？

例如佛陀告訴德女：「內有無明嗎？」「沒有。」「外有無明嗎？」「沒有。」

「內外有無明嗎？」「沒有。」「非內非外有無明嗎？」「沒有。」

佛陀說：「但無明是真實的存在呀！」（無明乃是由因緣和合而生。）

龍樹菩薩在《中論》說：「一切諸法皆非自生、他生、共生、無因生，所以是因緣無自性生。」在《涅槃經》上也說「生生不可說，生不生不可說，不生生不可說，不生不生不可說」，即是這個意思。

以四悉檀介紹化他不可思議

（一）世界悉檀

首先說明四悉檀的世界悉檀。世界悉檀即隨順世間法而說因緣和合之義，也就是以世間一般之思想、語言、觀念等來說明緣起的真理。例如人類係由因緣和合而存在，故非是實體。人的存在是一般世俗的看法，故說適合世俗的觀念來隨順眾人，令凡夫歡喜而獲得世間正確的智慧，故世界悉檀又稱為樂欲悉檀。

依世界悉檀說心具一切法，令聽聞的人歡喜。例如《華嚴經》說：「三界無別法，唯是一心造。」或者說，透過因緣生一切法，令聽聞者歡喜。又例如《法華經》說：「五欲會令人墮入惡道，善知識是大因緣，能化導有情令得見佛。」或者說，由因緣生一切法，令聽聞者歡喜。例如水銀和真金能塗成各種色像。

或者說，因無自性故能生一切法，令聽聞者歡喜。例如「十二因緣法，非佛作，非天人、阿修羅作，其自性本來如此。」此四句即是說明世界悉檀其法義重點在於「心生一切三千諸法」。

（二）為人悉檀

什麼是為人悉檀？即順應眾生各別的根機與能力而說各種出世間實踐法門，令眾生生起善根，故又稱生善悉檀。例如「佛法如海，唯信能入。」《華嚴經》：「信為道源功德母，一切善法由之生。」「汝若能發（阿耨多羅三藐三菩提心，是則出離世間煩惱之家，具足戒行。」聽聞這樣道理的人能從中生起信心。

或者說，因緣生一切法。例如「若沒有遇到佛出世世間，當於無量劫墮入地獄苦；以見佛的緣故，就能獲得無根的信心。（無根者，不知恭敬如來、不信法、不信僧，是名無根）」聽聞這樣道理的人就能生起信心。或者說：心靈清淨和合能生一切法。例如「心靜如水的澄清，寶珠的相自然顯現，慈悲的善根力量就能看得出來。」聽聞這樣道理的人能從中生起信心。

或者說，遠離煩惱能生一切法。例如「非內觀獲得智慧，乃至非內（非）外觀獲得智慧。」聽聞這樣道理的人能從中生起信心。

（三）對治悉檀

對治悉檀即針對眾生的貪瞋癡等煩惱應病給予法藥，此乃為滅除眾生煩惱與惡業的教法，因其能斷除眾生的各種煩惱，故又稱斷惡悉檀。《摩訶止觀》說：「心能對治一切惡。」如經云：若能獲得一心，萬般邪惡自然消滅。

或者說，緣能對治一切惡。例如：若能聽聞到無上的大智慧，就能心定如地，不會被煩惱所動。或者說，因緣和合能對治一切惡。又如：一分的智慧從思惟所生，另外一分的智慧從師長處獲得。或者說，遠離煩惱能對治一切惡。如《大智度論》說：「佛陀在菩提道場時，因悟智慧不可得故而成正覺，並如同空拳誑小兒般以度化一切有情。」以上是為對治悉檀，心能破除一切惡也。

（四）第一義悉檀

第一義悉檀是破除一切論議語言，直接以第一義說明諸法實相的道理，令眾生真正契入教法，故又稱為入理悉檀。《摩訶止觀》說：由心證見真理。或者說，心開意解，豁然得道。或者說，透過因緣能見到真理。如經上說：須臾聞之，即得究竟三菩提。

或者說，因緣和合能得道。如快馬見到鞭影，就能獲得正路。或者說，遠離煩惱能見到真理。如說，無所得就是有所得，所獲得的是無所得。

以上是名第一義悉檀，四句見到真理的情況，何況心生三千法？成佛的主旨在於一切煩惱都能盡除而清淨，不限定在因、緣、共（和合）、離（遠離）等四相中，即是世俗諦的第一義悉檀也。

以上四句皆可以說，說因也是、說緣也是、說和合也是、說遠離煩惱也是。

假使為盲人說牛乳好像貝、粖、雪、鶴般的白，盲人聽聞各種說法就能知道牛乳的顏色，此即是從世俗諦說的第一義諦。

總結觀陰入界境中不可思議境的解釋內容

經論中，常以四句（諸法不從自生、他生、共生、無因生）來論破吾人對法的執著，不管從中觀或唯識的立場，其修行主旨都為了深達實相而應化世間。

心生萬法只是依世俗諦之方便說法，也稱為隨方便適宜說，意指心中無明法的法性能生一切法，無明只是萬法之一，法性是普遍存在萬法之中，視無明與法性相結合生一切法。正如睡眠也是萬法之一，眠法與心相結合則產生一切夢境。

如依護法的唯識觀點，是第七識將一切變化的我、法二空的現象執為實有，所謂「心生種種法生，心滅種種法滅」即指此妄識而言。

在佛教經論中，無論說「萬法唯心」或「萬法唯識」，都是心、識執於萬法而言，絕非指外界之山河大地都是人之心、人之識所造成。一切法皆是因緣所生，這是佛教一切學派共通的說法。

此無明「法」的法性、眠法的「法」心，此中之「法」字作動詞解，即「無明」

效法「法性」，「眠法」效法「心」。

從不思議三諦的角度來說，俗諦是內有法性、外相是無明，兩者和合而有一切的陰入界（一切現象）法。真諦是一切的陰入界都是無自性（法性）的法界。中道諦是超越俗諦與真諦的範疇，又不離開二諦的本體現象，是名中道第一諦。

從三觀的立場而言，所舉一法即是一切法，因為因緣所生法都是假名，是假觀也。若一切法的無自性與任何一法是相同的，因為因緣所生即是空也，此是空觀也。即非俗諦也非真諦，確能包含二諦義，即是中道觀。

所以從不思議立場，空觀是，空即是一切空，假觀是一假就是一切假，中道觀是一中就是一切中。即是《中論》上所說的不可思議一心三觀：「眾因緣生法，我說即是空，亦為是假名，亦是中道義。未曾有一法，不從因緣生，是故一切法，無不是空者。」一切法都是如此。

若從三智的角度來說，若因緣所生的一切法者，即方便隨眾生情而說，是善巧的道種智。假使說一切法或一法都是因緣無自性空，即隨智慧而說的，是一切智也。若非一非一切，也稱中道義，即非方便也非真實（不著兩邊故），是名一切種智。以上所說即是不思議三智也。

【註】

1 四佛土：為天台宗智顗大師所立之四種佛土，即凡聖同居土、方便有餘土、實報無障礙土、常寂光土。(1)凡聖同居土，指人、天兩道之凡夫，與聲聞、緣覺之聖者同居之國土。(2)方便有餘土，又稱方便土、有餘土。指阿羅漢、辟支佛、地前菩薩所居之土。(3)實報無障礙土，又稱實報土。為斷除一分無明之菩薩所生之處。乃別教初地以上、圓教初住以上之菩薩所居之果報土。(4)常寂光土，為全然斷除根本無明之佛所依處。

2 五分法身：轉色、受、想、行、識之五陰，由戒而生定，由定而生慧，由慧而得解脫，由解脫而有解脫知見。以此五法而成佛身，則稱為五分法身。

3 緣因佛性：緣即助緣，一切功德善根，都能資助正因佛性的開發，是為緣因佛性。

4 了因佛性：透過修行，所得之智慧與佛性理相應，是為了因佛性。

5 正因佛性：是人人本具的佛性，也就是諸法實相的理體，是成佛之正因。

6 阿賴耶識即阿梨耶識，因不同的經本而有不同的譯名。

發真正菩提心

在觀陰入界境中，以十乘觀法解釋，現介紹第二項發真正菩提心。解釋陰入界境中的不思議境內容，已能體會眾生有陰入界境的由來與悲苦，不但自知其苦，也悲愍眾生的苦而發菩提心，雖然知道法門寂靜的不可思議，更誓願要修這種永遠脫離煩惱寂靜的境界，是名真正發菩提心。

菩提心是智慧與慈悲心的內容，在這裡是從智慧的角度，重視慈悲心的生起。慈悲的心是超越思議三諦與三觀的心的當下生起的，與前面五略的發大心文中，說明因思惟四諦理而發廣度眾生四弘誓願的主旨是一樣的。

慈悲是智慧的顯現，智慧是慈悲的根本，從空的立場來說，有智慧才不會在拔苦與樂中，沉迷於眾生的情執。慈悲心的生起，是前述的三諦與一心三觀超越思議正當性的保證。既然深深認知不可思議境的內涵，就能了知一苦與一切苦的實相是相同的，因為一念中具足三千諸法，三千諸法也不出吾人的一念之間，所以眾生才有苦因與苦果的產生。

如何發真正的菩提心？從三惡道生起的緣由思惟，過去因為無明而對六塵的外相起染著，放縱身口意造諸惡業，因此在惡趣中輪轉、受諸苦惱，不但身苦心苦，身心俱傷，現在還以愛染纏身，為癡所害，歷經百千萬劫也不能解脫，悲哉！痛哉！

假使要捨離三途苦，歡喜受持五戒十善，用有相的心來修福，不能從根本上超越、根除痛苦，反而增加人天果報，福報享盡又會換得三惡道苦。這就如同市場的交易，丟了此苦來了那般苦；又好像魚從水中入魚簍，只是暫時存生；也如飛蛾撲燈般的迷茫。若人所想所作皆非出世間的智慧就會越迷越遠了，如口渴更飲鹹水一樣。

有相的福德如同龍鬚縛身，入水轉痛；牛皮繫於體上，日久越堅韌；如盲人進入棘林中，只有墮落沉溺！又如把持刀刃、抱著炬火，豈有不痛之理？生死苦集煩惱如踏到虎尾、蛇頭一般，讓人驚慌恐懼，自己思惟如此，眾生也是一樣，雖獲得人天的利益，終免要墮入三途受苦。

既生起大悲心也發起「眾生無邊誓願度，煩惱無盡誓願斷」兩大誓願，今從空、假、中三觀的角度思惟

（一）空觀的誓願相：眾生雖如虛空，要誓度如空的眾生；雖知煩惱無所有，誓斷無所有之煩惱。

（二）假觀的誓願相：雖知眾生數甚多，而去度甚多之眾生；雖知煩惱無量無邊，而斷無盡之煩惱。

（三）中道觀的誓願相：雖知眾生的實相也如同佛一樣的真實，而度如佛般真實的眾生；雖知煩惱如實相，而斷如實相之煩惱。

以下從破執的角度說明三藏教、通教鈍根菩薩、別教菩薩（含通教中假觀的菩薩）之偏差。三藏教只是偏觀空，拔除眾生的苦因，不能拔除眾生的苦果，此誓願中夾雜煩惱，不見眾生可度，是為著空。而鈍根菩薩、別教菩薩偏於有眾生可度，隨所見生起大悲心，也不是真正的解脫道。

遠離空、有、煩惱、有相菩提之邊執才是真正的廣度眾生。如鳥飛空，但不會止於虛空中，雖然不住空，仍然有跡相可尋。所以，廣度眾生要「雖度而空、雖空而度」，依此觀念是名真正發菩提心。

再從境界上談兩誓願「法門無量誓願學，佛道無上誓願成」，以空、假、中三觀的角度思惟

（一）空觀的誓願相：雖知法門永寂如空，誓願修行永寂；雖知菩提無所有，但在無所有之中仍然要求道。

（二）假觀的誓願相：雖知法門如空無所有，誓願畫物，莊嚴虛空；雖知佛道非成所成，如虛空中種樹，使得華得果。

（三）中觀的誓願相：雖知法門及佛果非著相修或不著相修，而如實修；非證非得，以無所得證以無所得獲得，但如實證如實得。

如此慈悲誓願，與不可思議境智，非前、非後，同時生起。慈悲即智慧，智慧即慈悲。

簡言之，真求解脫道、真正發菩提心就是無所緣、無所念，但普覆一切眾生；任運拔除眾生的苦，自然給與眾生樂，這是不同於有煩惱、觀空、有愛見來度化眾生的。此是名真正發心菩提的意義。

善巧安心

觀陰入界境中，十乘觀法的第三項善巧安心，就是善用止觀，將心安住於法性中，使心能深入不可思議境，達到淵深微密的境界，方能使慈悲深廣橫遍。行菩薩道要悲智雙運，必須以行來圓滿，行即是修止、修觀。

世間任何一法都具足無自性空的特性，這種特性就是法性，因為世間有為的現象都是因緣假合的緣故。無明、愚癡、煩惱都離不開法性，因為凡夫癡迷，沒有智慧觀照，法性就變成無明，生起諸多顛倒，生起善、不善等分別。

如天氣寒冷時，水就會結冰；睡眠時，因為起心動念就會有種種夢，無明與法性就是如此。

當下的顛倒妄想本具法性，顛倒與法性的關係是不一不異的，只是事與理的不同而已。雖然顛倒有相上的生起、消滅，如旋火輪一般，但其法性是沒有所謂的生滅，顛倒的當下即是法性，而法性本身也是如此。若能如此觀照，是名為止，如此修止

時，一切相上的遷流變化也都止息了。

修觀，即觀察無明的心也是因緣無自性，本來皆空，事相上的一切妄想、善惡皆如虛空，無二無別，譬如虛空藏菩薩所現的相一切皆空。

吾人生起念頭的時候，所起的念頭無一不是空，而空也是不可得。法界所有的一切諸法也都是因緣無自性空，是名為觀。止就是智慧，智慧就是止。不動止就是不動智，不動智就是不動止。不動智觀照於法性，即是觀智得安，也是止安；不動止與法性相應，即是止安，也是觀安。止安、觀安兩者無二無別。止中能息妄想、安住身心；觀能觀照法性，清楚明了，安於實相中。

天台止觀的階位上，若能專修止觀，誓死不休，堅強意志、堅定信心以安住身心，就能進入觀行位乃至進入初住。今論善巧安心可分教他、自行，教他又分聖師、凡師兩種。

聖師

聖師而言，具有三種力量：1.具有慧眼力，能分辨各種法藥。2.具有法眼力，能識知各種病障。3.具有化道力，能對眾生應病與藥，讓他們服藥除病。如毱多羅漢善知弟子根性，應以信心令其開悟者就令他得信心，應以飲食而開悟者就令他服食乳酪而開悟，應以呵責而開悟者就給予呵責引導，一一為眾弟子開導，沒有絲毫偏差。

佛陀入滅後，像這樣的老師是甚為難得的，如同盲龜在大海中，何時能遇到浮木的孔而得度？又如針鋒豎於閻浮提，以一芥子從忉利天投閻浮提，何時可以直接穿在針鋒？真是難呀！難呀！

凡師

凡師而言，雖然沒有聖師的三種力量也能教化眾生。譬如良好的醫生善分別藥、病情、病人臉色、病人聲音、脈相而配藥治癒病情，但遇到命將盡的人卻無法讓他起死回生。有些醫生雖不了解脈相，問病人病狀，依病人所說的話開處方也能讓病人痊癒。

凡師的安心分為信行人、法行人兩種，部派中的說一切有部說明這兩種人位在見道位，因聞法而悟入的人是為信行人，因思惟而悟入的人是為法行人。部派中的曇無德部說，如果在方便位（在世第一法之前，尚未進入見道位），自己見到法的人少、靠聽聞力的人多，從聞法後而開悟，名為信行人。聽聞佛法的力少、自己見法的多，進而時時思惟而開悟，名為法行人。

《成實論》說：「若人未證得空無我的智慧，因信仰佛法故，隨佛所說去實踐，是名信行。法行者，若人證得無我智慧，在煖、頂、忍、世第一法[1]中，隨順法去實踐，是名法行人。」

若在見道位中，不著相的心猛利，一發即入見道位、見真如，哪裡須要再判別是信行人或法行人？

前文談及凡師的安心有信行人與法行人的分別，若論修行成就，屬於見道位的階次；若論根性，在方便位。見道，即指以無漏智現觀四諦，照見四諦理的修行階位。見道以前者為凡夫，入見道以後則為聖者。依小乘佛教，以修三賢、四善根（七方便）等之準備修行為開始，能生無漏智而趨入見道。

追溯其緣由，若經久遠時劫聽聞學習或久遠時劫坐禪，所獲得為相信法的種子，世世熏習則成就其根性，各別於聽聞佛法或思惟佛法中開悟。

若論根性的利鈍，信行人根性較鈍，因藉由他人聞法的緣故；法行人屬利的根性，因為善自內觀法義的緣故。又，根性利的信行人是因聽聞佛法就能開悟；根性鈍的法行人是必須於法上不斷觀察的緣故。又，信行人聽聞的智慧利，所修得的智慧較鈍；法行人修得的智慧利，聽聞的智慧較鈍。

以上是解說凡師的根性利鈍的問題，既然已經知道根性，現在為信行人善巧安心說八番止觀（四番說止、四番說觀），信行人與法行人的止觀雖然內容相同，但層次、境界不同。

信行人四番說止

（一）隨樂欲修止安心

世間眾生無量劫來，因為散亂心之毒而追逐事相的五塵境，導致於三界中輪迴升沉，猶如猛烈的強風吹白楊樹華，又如在大熱火的沸鑊中煮豆，豆隨沸水升沉不已。人生在苦中煩惱不已、在煩惱中諸苦交迫，為何眾生不止息這樣的妄心煩惱？

從四諦的角度來說，若能滅除煩惱諸苦就不會在三界中輪迴，依十二因緣而言，沒有無明就不會有行，乃至不會有再出世的老死，如同摧折大樹後就不再有新枝了。

從六度來說，布施能除慳貪的病，完成布施波羅蜜就能到達涅槃彼岸，用這種方式最快得度。應用種種善巧方便，種種因緣、種種譬喻廣說息心修止，令眾生生起善念、歡喜，是名隨樂欲以止安心也。

（二）隨便宜修止安心

又，善男子！如天氣乾旱，河流、池塘都乾了，萬種花卉都焦枯了，百種穀物都長得零零落落。娑伽羅龍王於七日天中興起重重的雲朵，四方才慢慢降雨令大地溼潤，一切種子都能萌芽，一切樹根皆能茁壯，一切枝葉也茂盛起來了，一切的華果也跟著繁榮生長，人也是如此。

因為散亂放逸，應該生起善的心念、行為已不再生起，已經生起的善卻退失了。禪定的河流乾枯了，修道的樹也滅除了，萬種善法都焦枯了，各種福德也都殘悴不堪，菩薩的因華道果也不再成長了。

若能閒居靜處，內心不受六根、意識所惱亂，外相不被六塵境所誘惑，寂靜的雲就會慢慢聚集而引發各種禪定，即是降下智慧的甘露法雨，如此的話，在初禪前，煖、頂、忍、世第一法等方便位的功德叢林就會生長，以眼睛所見、智慧、明了、覺照等四行相來觀察四聖諦。

依《大乘義章》所說：對所聞法生起信仰之心（信忍），依此信心調伏其心，遇境、遇緣自然能忍，此時之心柔和善順（順忍），漸漸達到一切法本自不生，情與非情皆是緣生無性，當體即空，因此於無性法中忍心不動，親證無生的無生忍，乃至徹證涅槃寂滅境界，動靜二相皆契如如的無上菩提。這是吾等學佛修道者不可以不知道的道理。

應用善巧方便，種種因緣、種種譬喻廣為讚歎修止的利益而產生種種善根，是名隨眾生方便適宜以止安心。

（三）隨對治修止安心

修持禪定最怕是散亂心，因為散亂心使行人無法入定。善男子！散亂心是罪惡中的罪惡，如同沒有鉤縛的醉象到處踐踏毀壞池塘及花卉，又如鼻孔被拴住的駱駝翻倒背上馱負的東西，無法制止。快速如閃電，毒害超越毒蛇的舌頭，心靈如同日月被噎、煙、雲、塵、霧等所覆蓋，縱然是眼前因緣也如雲霄那麼遙遠無法明白。

隨對治修止安心中提到不修止的禍害，接著從正面角度強調修止的利益。行人若能修定，如在密室中有燈光照亮，能破除黑暗；又如盲人為治療眼睛的毛病造訪良醫，良醫以金錍來去除眼膜，讓盲人能見物，如同晴空中的天色明朗，不管一指、二指、三指都能見到。又，大雨能淹沒世間，大的禪定能使狂妄、放逸的心靜下來。所以，修止能破除散亂心，使妄心消滅！

應用善巧方便，種種因緣譬喻廣為讚歎修止功德，去除睡眠障、散亂心，是名隨對治以止安心。

（四）隨第一義修止安心

又，善男子！心若處於定中，能知道世間生滅的現象也能知道出世間不生不滅的法性。如來成道時，尚且尊崇禪定之樂，何況是凡夫？有禪定的人如黑夜中見到閃電的光，即能見道，破除無數億的惡業乃至獲得成就佛的一切種智。

應用善巧方便，種種因緣譬喻廣為讚歎修止功德，即能契會真如，是名隨第一義以止安心。

信行人四番說觀

（一）隨樂欲修觀安心

隨樂欲修觀安心是隨行人自己的歡喜、性向修習觀法來安住身心。

假使有人說：「我聽聞解脫的寂滅法門，能讓精神永恆不滅，若聽到分別諸法之法義，聽聞受持，不會厭倦。」（光聽聞佛法是無法斷除煩惱的。）這時，對於喜歡聽聞佛法的人，應該為他說：「三惡道中，地獄諸苦、畜生道中的駱駝、驢子被鞭打之苦及餓鬼飢渴的種種苦，還不算是苦；愚癡、黑暗無明，不知道空、假、中三諦方便與真實的真理，無法獲得好的果報，才是真正的大苦。」

有的人以多聞各種不同佛法為快樂、以見到法而心生歡喜為快樂、以善法來對治惡業獲得清淨為快樂；斷除見思煩惱的阿羅漢以脫離三界為樂；多聞佛法的人以聽聞佛法甘露為樂。

如從佛法的教義來觀察，知道真理實相、斷除分段生死與變易生死、遠離三界內的三惡道苦、三界外的分段生死，能直趨佛道不會退轉。

應用善巧方便，種種因緣譬喻廣為讚歎修觀功德，引發眾生內心的法喜，是名隨樂欲修觀安心。

(二) 隨便宜修觀安心

行人隨自己的方便，選擇最適宜自己修觀的方法來修持，是名隨便宜修觀安心。

善男子！青蓮華因有月光而開花，勤奮的人每日勤勞作務至夜晚做完才會休息，或等天亮完成工作後才休息。泥土不經火燒是絲毫沒有用處的，盲人看不見路是無法為人嚮導。修觀安心也是如上譬喻！行人假使沒有觀察的智慧，其結果也是如此。佛所證得的一切種智是以觀為根本，以無量功德來莊嚴的。

應用善巧方便，種種因緣譬喻廣為讚歎修觀，能生出種種功德，是名隨便宜修觀安心。

（三）隨對治修觀安心

隨著行人的煩惱，應用觀法予以對治來安住身心，是名隨對治修觀安心。

善男子！有智慧的人深知怨恨的煩惱，所以不會為怨所害。武將心中有謀略才能打敗強敵。如果沒有風，怎麼會有飄浮的雲？沒有雲如何遮住熱氣？沒有水如何滅火？沒有火如何能去除黑暗？能劈柴的斧頭跟能解除繩索的刀難道不是智慧嗎？以上譬喻是強調對治觀心的重要性。

應用善巧方便，種種因緣譬喻廣為讚歎修觀，破除各種煩惱，是名隨對治修觀安心。

（四）隨第一義修觀安心

以中道第一義的真理讓行人趨入佛道，是名隨第一義修觀安心。

善男子！如暗室中的井裡有種種七寶，要等待白天時才看得見，日出既然出現了，一切的東西就能看得見了。要有智慧眼才能觀察諸法實相，一切世間現象都以修觀方能契入。於修觀中，以般若波羅蜜的智慧最為殊勝，能照明一切煩惱、無明！

應用善巧方便，種種因緣譬喻廣為讚歎修觀，能使行人獲得開悟解脫，是名隨第一義修觀安心。

法行人四番說止

法行人是指透過佛法的義理能深入實踐的行人。

（一）隨樂欲修止安心

假使有人說：我喜歡止息心念的境界，寂靜再寂靜，使煩惱越來越少，以至於進入無為的解脫境界，不喜歡去思惟、分別各種法義。若靜坐時，心思散亂是無法修心止住妄念獲得利益。

以上是說明法行人的根性，故應當為他說止的修持法門，六根不向外攀緣，只專心一意守住心念，對外的攀緣、心思的流動皆從妄想所生，如同旋轉的火輪一般，若能修止就能止息妄念，亦如洪水般的波浪會鼓動怒潮，若風平則浪靜，心水也是如此。

《淨名經》（《維摩經》）說：「何謂攀緣？所謂：心念攀緣欲界、色界、無色界。如何能止息攀緣的心？即是：心無所得。」《瑞應經》說：「若能心無所得，所有萬千的妄念自然消滅。」龍樹菩薩說：「真實的法是沒有顛倒妄想的，若能去除妄想也就不須要一切的言語了，此時無量的眾罪都能消除，常保持清淨的心，像這樣殊勝的人就能見到般若了。」

在幽寂的山中修行是神仙所讚歎的，何況是涅槃解脫、心如澄水的境界，更是賢聖者所尊崇的。《佛話經》說：「比丘聚集一處，身業與口業都動盪不已，是諸佛所擔憂的；比丘居於山中，止息一切緣務，是諸佛所歡喜的。」何況比丘居於山中又能行跏趺坐、雙手結印，閉口、舌抵上顎，思惟實相，一心修止，與法界一樣寂靜，這難道不是重要的修道方式嗎？只有這樣修持才是最尊貴的，是其他所不能做到的！

應用善巧方便，種種因緣、種種譬喻廣為讚歎修止法門，引發行人的歡喜心，是名隨樂欲修止安心。

法行人的四番修止，已介紹「隨樂欲修止安心」，再說明其他三項：

（二）隨便宜修止安心

以下，用十波羅蜜來配以十種修止內容。若有人說「我觀法相，只會增加心念紛亂，善法無法觀察清楚明白。」這時應為他說修止法門。因為止，是法界平坦、正直的良田，任何善法都能具備！若能修止，而止息、捨棄一切的攀緣心，即是檀（布施）波羅蜜。止的體性並非是惡的，即是戒波羅蜜。止的體性，是不會動搖，即是忍辱波羅蜜。止的當下，心無間斷也無雜念，即是精進波羅蜜。修止則能入定，即是禪定波羅蜜。

心中不存修止的法執，也沒有修止的人的我執，即是慧波羅蜜。修止，能入定也能對治煩惱，即是方便波羅蜜。若修一止，就能讓一切妄想止息，即是願波羅蜜。修止中，能止息愛的染著、止息見的煩惱，就是力波羅蜜。止息的情況，與佛止息的境界，無二無別，即是智波羅蜜。

以上十種止，具足十度，等同具足一切法，這即是祕密法藏。若能修止安心，何用各別再修其他的法門？

十止與十波羅蜜的對比，如下圖：

十止	十波羅蜜
1. 止捨攀緣	檀
2. 止體非惡	戒
3. 止體不動	忍
4. 止無間雜	精進
5. 止則決定	禪
6. 止法、止者皆無	慧
7. 因止今非止非不止	方便
8. 一止一切止	願
9. 止止愛、止止見	力
10. 此止如佛止	智

應用善巧方便，種種因緣譬喻，令行人生起善根，這即是「隨便宜修止安心」。

（三）隨對治修止安心

若有人說：「我觀法相時，無法去除散亂心與睡魔。」要為他說修止有大功能。因為修止有如牆壁般的定力，八種（利、衰、毀、譽、稱、譏、苦、樂）外在的塵緣所不能入。止是清淨的水，能蕩除對塵緣等貪瞋淫等八種顛倒；止猶如早晨的露珠，見到陽光就化成水。止是令人歡喜的大慈，使怨親都能受到關懷，也能破除瞋恚忿怒。止是光明的咒語，能遣除愚癡及疑心病。修止就是佛道，能破除修道障礙。如同阿伽陀藥，能遍治一切的病痛；又如殊妙的良醫，能讓人起死回生！

應用善巧方便，種種因緣、種種譬喻，破除種種惡行，是名「隨對治修止安心」。

（四）隨第一義修止安心

若有人說：我在觀察心念時，妄想紛飛無法止靜，不得開悟。此時應當為他說止。

修止能體悟真理，觀照實相的同時心念幽然寂靜，修止即是隨因緣中止住動盪的心外，還能清明的觀照。又，修止即是觀照清明中的寂靜，能止住動亂心又能止住對實相的分別與執取，能觀的心與所觀的境都能了然分明。

若能如此修止，止即是諸佛之母、諸佛之父。止是諸佛之師、諸佛法身，止具佛眼的智慧、具佛的相好功德；止是成佛寶藏、諸佛住處。能真正修止的話，就能具足一切成佛資糧。

以善巧方便，種種因緣譬喻廣為讚歎修止功德，是名隨第一義修止安心。

法行人四番說觀

（一）隨樂欲修觀安心

若有人說：修止時，容易落入昏沉掉舉，不是我所喜歡。此時應該為他說修觀方法來思惟義理。如七覺支中的擇法覺支，可以選擇適合自己根機的法門來修學，或八正道的正見能引導行人修持正確的見解，六度中的般若是各種法門中的前導，也能以般若趨向佛道。

正覺、大覺、遍覺都是觀慧的別名。所以觀察智慧是諸法門中最尊貴、殊勝的，如是廣為讚歎修觀功德，是為隨樂欲以觀安心。

（二）隨便宜修觀安心

若能勤修各種觀法，能生信、戒、定、慧、解脫、解脫知見等種種功德。知道眾生的病因給予適中的藥方，以此化導有情行菩薩道，能聚集眾善，以觀最為殊勝，是為隨便宜以觀安心。

（三）隨對治修觀安心

修觀能破除黑暗、能照明真理大道、能去除怨恨、能獲得寶藏，修觀能使邪見傾倒、能使愛欲的苦海枯竭，這是修觀的力量，是為隨對治以觀安心。

（四）隨第一義修觀安心

修觀法時，沒有能觀的心及所觀的境，使心思靜慮、虛空無為、豁然澄明、開啟朦朧無知的心，應當勤修觀法以開、示、悟、入佛的知見，是為隨第一義以觀安心。

法行人的第四番修觀是隨第一義修觀安心，透過此觀能開、示、悟、入佛之知見。

開示悟入佛知見是《法華經・方便品》中所說：佛以一大事因緣出現於世，即為眾生能「開佛知見、示佛知見、悟佛知見、入佛知見」。佛之知見即是佛的教義、教法，指緣起法門等。解釋緣起法門在人生的開展原理即是示佛知見，指三法印、四聖諦、十二因緣等。體證佛陀教義的內容，了悟生死涅槃，即是悟佛知見。從了悟到證入涅槃，謂之入佛知見。

信行人與法行人在四番修止、四番修觀中彼此的應用關係

不管是信行人或法行人，因根機利鈍關係，彼此的修止與修觀也會有互相迴轉的情況，說一切有部認為修止與修觀中，行人的根機會轉鈍根為利根，《成實論》則提到不斷熏習就會漸漸轉為利根。眾生的心行不定，有時的反應較鈍、有時的感受又很明利，隨心念而轉變，與根機、熏習無關。或者有時觀修不能透徹卻因為聽聞而開悟，或者聽聞很久時間卻無法理解，經短暫時間思惟即能進入義理中。

因此以根機迴轉來論安心，假使法行人轉為信行人，隨其根機的轉變用信行人的

四番止觀教他如何安心。若信行人轉為法行人就用法行人的四番止觀教他如何安心。

依此推展，信行人與法行人在轉與不轉中，有三十二種安心法。（信行人＝四番止、四番觀×轉與不轉＝十六安心法；法行人＝四番止、四番觀×轉與不轉＝十六安心法。故信行人與法行人共有三十二種安心法。）

善巧安心止觀中，有自行安心與教他安心兩種法門。

（一）自行安心

首先，觀察自己心念的趣向，假使想要止息妄念，令心歸於寂靜，即是法行人；假使喜歡單純聽聞法義，即是信行人。

在自行安心中，先介紹法行人的安心方法。

甲、法行人自行安心

法行人於止觀中有八項內容：

1. 為求止息妄心，修止令想念寂然入定。
2. 若想觀照覺知，須知心念的本源（空），故應修觀。

3. 了知心與心源是無二無別，一切諸法皆同虛空（修止）。

4. 若無法生起精進的心念積集善法功德，應當修觀令心生起。

5. 若心念念不住，應當修止對治奔馳放蕩的心。

6. 假使昏昏欲睡，應當修觀破除各種昏沉暗塞。

7. 若久修止不能開發智慧，應當修觀令智慧生起。

8. 若久修觀無法去除昏暗，應當修止。

法行人若能善用上述的八種止觀方法，可以獲得心安的妙用，當然在八法中，是以隨眾生樂欲修止觀、隨便宜修止觀、隨對治修止觀、隨第一義修止觀來分別的。

乙、信行人自行安心

信行人安心的方法也有八項：

1. 想要聽聞寂靜的入定方法，即讓他聽聞入定法要。

2. 想要聽聞觀法破除煩惱者，就為他說各種修觀方法。

3. 假使聽聞觀法過多，如過強日光易使芽苗焦枯，就應該讓他聽修止方法。

4. 假如聽止方法聽多了，使內心菩提的芽苗不生，就應讓他聽聞修觀的方法。

5. 假使精神掉舉渙散，無法專注一心，就為他說修止方法。
6. 假使精神昏昏欲睡，提不起意志力，即應讓他修習觀法。
7. 假如聽聞止法能使精神豁然開朗，就讓他專心聽止。
8. 假使聽聞觀法能觀照明了，就讓他聽聞觀法。

信行人的八番止觀安心法亦如法行人一般，包含了四種修止觀的方法。信行人要聞法才能由信行人轉為法行人；法行人要修禪才能具足信念，由法行人轉為信行人。信行人與法行人皆修止觀，相輔相成，信仰與智慧具足才有宗教情操。

（二）教他安心

教他安心是救度眾生的菩薩行，隨眾生根機不同也分法行人的化他與信行人的化他。

甲、法行人教他安心

法行人根性化導眾生方法亦有八項：

1. 廣為讚歎修止功德，令他思惟真理實相，是名隨樂欲以止安心。

2. 說止令他生起佛法善根，是名隨便宜以止安心。

3. 散亂心及昏沉不止，應當為他說修止有大功德，則能去除闇障，是名為隨對治以止安心。

4. 為行人說無能止的心及所止的境，令悟入實相，是名隨第一義以止安心。

5. 若說修止不是其興趣所在，當為他說修觀，是名隨樂欲以觀安心。

6. 令行人修觀而生起信、戒、定、慧、解脫、解脫知見等等功德，是名隨便宜以觀安心。

7. 令行人修觀以破除黑暗、觀照真理，是名隨對治以觀安心。

8. 令行人勤修觀法，開、示、悟、入佛之知見，是名隨第一義以觀安心。

乙、信行人教他安心

信行人的化他方法也有八種：

1. 以種種因緣、譬喻，廣為讚歎修止，使心情歡喜快樂，是名隨樂欲以止安心。

2. 以種種因緣、譬喻，廣為讚歎修止，使其生起善根，是名隨便宜以止安心。

3. 以種種因緣、譬喻，廣為讚歎修止，去除散亂心，是名隨對治以止安心。

4. 以種種因緣、譬喻，廣為讚歎修止，使心止於寂靜，是名隨第一義以止安心。

信行人化他的方法已說明修止的四種層次，以下介紹化他修觀的四種方法。

1. 喜歡聽聞佛法的人，以種種因緣譬喻廣為讚歎觀法的殊勝，令他知道般若實相的真偽而遠離各種過失，是名隨樂欲以觀安心。

2. 以種種善巧便及種種因緣譬喻廣為讚歎觀法的殊勝，作為開發智慧的基本方法，名隨便宜以觀安心。

3. 以種種因緣譬喻廣為讚歎觀法的殊勝，以破除種種的煩惱，是名隨對治以觀安心。

4. 以種種因緣譬喻，廣為讚歎觀法殊勝，令得開悟，是名隨第一義以觀安心。

眾生根性不定，可由法行人轉為信行人亦可由信行人轉為法行人，但皆可以止觀化他，進入解脫門。

有一種禪師專門為人廣說修止功德，不許修觀，也有禪師廣說觀殊勝，不許修止。兩種禪師各隨所修利益教導別人，修學的人因根性不同，應善知止與觀的修法與對治，以免有所偏差。

隨根機及隨對治病情，勤修止觀中，亦可應用空觀、假觀、中道觀或一心三觀來修習。

故，善巧安心中，從信行人與法行人的四番說止與四番說觀到根機的互轉，從自行安心、化他安心中，修學三觀或一心三觀，其法門無限無量，行人當可自行抉擇。

【註】

1 煖、頂、忍、世第一法：指聲聞乘行人修五停心觀及四念處觀之後，接著須修四諦觀。當無漏智將生，心中光明啟發之時，名為煖位；進而智慧增長，達於頂點，名為頂位；再進而明白四諦之理，其心堅固，決定不移，名為忍位；更進而到達有漏智的最終點，在世間有情之中最為殊勝，名為世第一法。

破法遍

以止觀善巧安心則能開發定慧，假使在修止觀中不能與止觀相應，就是有執著障礙的緣故，這時必須破除障礙，故有破法遍章，十乘觀法中的第四項是破法遍。

破法遍者，法性本自清淨，言語道斷，心行處滅，並無所謂破與不破。現在說明破法遍是針對眾生的顛倒而說的。

因眾生有顛倒妄想，則須運用定與慧來消除障礙，由此可知，破法遍乃是針對眾生的顛倒執著而破之。

在《摩訶止觀》中，破除眾生的顛倒，首先以次第三觀從橫破、豎破來破除識陰的執著，然後再以一心三觀破之；此外，又從其他的四陰（色、受、想、行）、十二入、十八界等來加以破執。

因此，可知所破的對象是遍破一切所有的偏執而歸結於一切法，無一不是即空、即假、即中的不思議三諦、三觀。由於妙法難解，眾生未能以一心三觀修之，故分別三觀來一一破執。

現依《摩訶止觀》的破法遍內容說明智顗大師的組織層次。破法遍是破除修持定慧中的障礙，但破除法執中，首先依教、行、智、理四門來說明：

教門：以文字為門，即《摩訶般若波羅蜜經》所說的四十二字門。此四十二字門據《大智度論》卷四十八說，此四十二字係一切文字之根本，因字有語，因語有名，因名有義，菩薩若聞字，因字乃能了其義。從最初的阿字到最後的荼字共四十二字，乃具足一切諸法。

觀行門：以觀行為門，即《大智度論》所說，菩薩修各種法門三昧能通達諸法實相。

智門：以智慧為門，即是指《法華經》所言的四佛知見，因佛的智慧，眾生難解難入故。

理門：以理為門，即《摩訶般若波羅蜜經》所說的無生法，無所謂來與去就是佛。

依教門能通達觀行門，依觀行門能通達智慧門，依智慧門能通達義理門。義理門乃教門、觀行門、智門之所依，能依、所依究竟遍通，是為妙門也。

破除法執可從教、行、智、理四門來分析，現依天台藏、通、別、圓四教解釋其意：

在教門中，三藏教四門中，先破除見惑再破除思惑。通教四門也是先破除見惑次破除思惑；有時見惑、思惑同時破除，但因為只破除五住地煩惱[1]其中之四住煩惱，故不能說是遍破。別教四門，次第斷除五住地煩惱，乃是豎遍破除煩惱，但不能橫遍破除煩惱。只有圓教四門中，論不可思議境，一境一切境、一心一切心，不管橫豎諸法都離不開心的造作，故破除心的煩惱就能破除一切煩惱，所以是遍破。

依圓教的教義，無生門（真理實相）通達止觀，不管從因至果都能顯見無生的意義，彰顯圓教的圓融殊勝，只因為止觀是實踐，無生門是教義，依教修行通達無生法忍，在因位就具足圓教義。

《維摩詰經》中三十二菩薩各說自己進入不二法門的教義，從各種法門入菩薩位，但皆以無生（空）為首要條件。《大品般若經》說明阿字門，所謂諸法本不生，由此證入無生門與止觀的修因相通。以上是無生門從因釋義。

接著，從果來說明無生。《涅槃經》言：涅槃乃不生義，不生即是大涅槃。又說修持定慧二法能有大利益乃至獲大菩提。《大品般若經》說：「無生法，無來、無去。」無生法就是佛。《法華經》言：「佛自住大乘，如其所得法，定慧力莊嚴，以此度眾生。」以上引用三經來證明無生即是佛果，即是解脫的大涅槃境界。

破法遍從豎的角度而言，修持止觀能從因位通達佛的果德，修持止觀從果位來說，透過修行實踐更能圓滿果德。圓滿的果德就如眾星中的月亮能遍照十種寶山[2]，其影子能光臨四海，故從無生教門修持止觀的因位與果位，所含攝佛果之意義即是如此。

破法遍從橫的角度而言，如《大品般若經》說：「若聽聞無生門的義理就能理解一切法門。」從最初的「阿」字就含攝其他四十一字，而四十一字也含攝「阿」字的意涵，中間的任何一字也是如此。以下引《佛藏經》說明其相狀、《涅槃經》解釋其意義，之後再論從無生門破法遍的內容。

《佛藏經》說：「劫火生起時，菩薩一吐氣，火就消滅了；一吹氣，世界就形成了。」

這是譬喻觀心的人，觀眾生一期生命將盡，即是劫盡的意思，三毒、三災就是火的意思。修持止觀，以止止住煩惱，如同吐氣將火熄滅一般；以觀觀破除煩惱，如吹成世界一般的效用。

以《涅槃經》解釋無生義：「不生生、不生不生、生不生、生生。」不生生者：「安住世俗諦，初出胎時，名不生生。」世俗諦與無明皆具有法性的特徵，但出生後，世間法歷歷分明，是名世俗諦。而安住是指以止觀安住於世俗諦中，即是不可思議境，能安住於觀行位[3]中，是名安住。以安住故，名託聖胎；初開佛知見，獲得無生法忍，名出聖胎。因為不見無明的世俗諦，故說是不生；出生後，獲得佛的知見，故名為生。不生生是以佛的自行因而言的。

從《涅槃經》解釋「無生義」，已說明四句中「不生生」的意義，接著，再論其他的三句義：

不生不生：「不生不生，就是大涅槃。」從無生的真理實相中，縱然是出世世間的五欲塵勞中，但能以無所得、無所住的心，廣行一切佛事，斷除一切煩惱惑，處處時時皆能自在，是名大涅槃。書上解釋說：「因為修道，以智慧斷除生死輪迴的業因，而證得涅槃」透過修道已斷除無明，故說是「不生」；於般若智慧中，亦不著於般若相貌，是名「不生」；「不生不生」是名大涅槃。

生不生：不在三界六道輪迴，名「生不生」。從世間諸法中，去除無明，證得無生智，永不再來世間輪迴，故說是「生不生」。

生生：於世間諸法中，貪著五欲塵勞，再造來生輪迴的惡業，是名「生生」。現在為了解釋這句話，智者大師從菩薩道的立場，認為是為了教化眾生所致。

菩薩為何從無生中而出生世間？因為一切有漏的眾生，相續不斷；是故菩薩生起大悲心，示現自在生，而度脫眾生。所以，在「無生門」中，含攝因果、自度化他等法義。以下引《菩薩地持經》的四住菩薩，說明是「生不生」意。

《地持經》說：從初發心住到十地的內容，可以分成六種住，依序為：種性住、解行住、淨心住、行道跡住、決定住、究竟住。

種性住：假使人沒有善根，雖然生在善道，也是進進退退，無法在以上所說的菩薩六住中；假使是有善根的人，能在菩薩初住中，斷除見思惑，方能升進，成為六住中「種性住」之菩薩。

解行住：是進入初地的方便位。

淨心住：是進入初地，獲得出世間的出離心，遠離凡夫對相的執著障礙，是名淨心住。

行道迹住：從二地到七地，安住於修道位中。

決定住：指八地、九地的菩薩，已證得報身，不退不還，是名決定。

究竟住：是菩薩十地的圓滿，是名究竟住。

六住內容對比，如左圖：

六住	初發心至十地
1.種性住	有善根種性者，無有退失，數數增進
2.解行住	初地的前方便
3.淨心住	初地
4.行道迹住	二地到七地
5.決定住	八地、九地
6.究竟住	十地

說明無生門的破除法執，再引用《大般涅槃經》的六句來證明無生門破法遍的意義。所謂六句是：不生生亦不可說、生生亦不可說、生不生亦不可說、不生不生亦不可說、生亦不可說、不生亦不可說。用前面四句來破除思議惑，用後面兩句破除不可思議惑。

可以思惟論議的煩惱惑雖然很多，但不出三界內外。三界外的煩惱，理體是不生（不再來三界生死輪迴故），但潛藏的微細煩惱是有的，故說不生生。三界內的煩惱是屬於枝末煩惱，已在三界內的生死煩惱上再生煩惱，故說是生生，如凡夫已由無明、行的造業來三界內輪迴，現生又因愛、取、有的執取再造來生輪迴的惡業，是名生生。

而教化眾生中，菩薩從無生中來生人間度化眾生，不但不能有度化眾生的優越感，更不能有眾生可度的心，能所雙忘，所以菩薩的不生生不可說，連眾生不斷輪迴的生生亦不可說。

另外，在三界內斷除分段生死，不再來人間輪迴，是名生不生。在三界外，不但斷除界內的分段生死，同時也斷除三界外的變易生死，是名不生不生。

假使要破除不可思議的煩惱惑，是專指無明惑來說的。因為無明，故有生相的產生，因為有生相，所以是無明，無明不可得，生相亦不可得，故說生不可說。要破除不可思議的煩惱，只能從圓教的立場來解釋，於圓教的教理上，眾生即是佛、佛即是眾生（佛性相等故），無所謂的開始或終了，也沒有因與果的前後關係，故說不生不可得。

以上是針對《涅槃經》的六句義，說明無生門破除眾生對法的執著的六種內容。智顗大師針對此六句義的不可說，也有他的看法：

不生生不可說：不生指法性，生是無明。二乘人斷除見思惑證得無生，是名不生；雖不再人間生死輪迴卻能入於法性中，是為生。而眾生生死輪迴的生，是因為顛倒，若能知道顛倒也是無有自性空，當下就不顛倒了，所謂「言語道斷，心行處滅」，故不可說。

生生不可說：生命相續不斷在六道中的輪轉，是名生生，何時出離？何時輪迴到哪一道？其因緣不可思議，故說生生不可說。

智顗大師舉佛陀從實相的無生中，出生到人間示現八相成道，是有漏的煩惱法，是名生生。在生滅流轉的人間可以透過修道因緣，即空觀、假觀、中道觀的修持而證入實相，所謂「言語道斷，心行處滅」，故不可說。

生不生不可說：從生滅流轉中（生），因修道而證入無生（不生），其因緣是不可思議的，故說生不生不可說。

智顗大師從修道角度來解釋：生，指諸法不生，因為世俗諦的有為、有漏法已滅，故般若智慧生。而此般若不是從四種偏執而生（自生、他生、共生、無因生），是因緣無自性生，故說不生。此般若的無生智慧何時獲得？其因緣不可思議，所謂「言語道斷，心行處滅」，故不可說。

不生不生不可說：因修道故，證入諸法本具的法性，是名不生不生。從修道的立場來說，這是極為殊勝的果德。在三界內，斷盡煩惱，證入無生，是不生義；在三界外，斷盡塵沙惑、無明惑，亦是不生。所以，不生不生是果位的極致，又因在修道斷惑上，其因緣是不可思議的，所謂「言語道斷，心行處滅」，故不可說。

生不可說：單指生命存在的現象。

不生不可說：證入無生的境界。不在此贅述。

以上引《涅槃經》六句義，皆言不可說來彰顯無生門破法遍的意涵。解說不可說的無生（空）義後，再論可說的十種因緣。主要是先說明自證的境界（不可說），次說化他的內容（可說）。

《大般若經》說：有十種因緣法，為諸法生成的原因，所以是可說的。十種因緣是從十二因緣的無明乃至有，成立諸法。

成立諸法的意義可從立眾生、立機緣、立聲教三項來談：

立眾生者：成立眾生的重要因素，是過去二因與現在五果相互為緣而有五陰，假名為眾生。過去二因是無明與行。現在五果是識、名色、六入、觸、受。眾生之所以生死輪迴，是由於過去的無明煩惱造就貪瞋癡等惡業，才有今生投胎的識，有了煩惱的識與父精母血的結合，即是名色。有了名色之後就漸漸生長六根，六根長成之後，出了母胎，接觸外境就有苦受、樂受、捨受（不苦不樂）的感覺，這是成立一切眾生的原因。

立根機者：即是對過去二因與現在五果，因不同修行的層次而於現在「愛、取、有」上，起不同的心念而造作不同的業果，此乃因不同根機所致。過去生中，因行為或修持析空觀、體空觀、漸次而修、頓悟修，皆是由於行為的造作加上無明煩惱緣故，才有現在的色身五果的現象。

於此五陰的果報身又再引發過去所造之業習，或於愛、取、有上修析空觀或於愛、取、有上修體空觀或於愛、取、有上漸次而修或於愛、取、有上頓悟修，其修持因緣乃因根機因緣不同所致。

立聲教者：若愛、取、有上修析空觀，證三藏教之果德，其機緣是無法預料的，是為「生生不可說」。從無明到愛、取、有等十種因緣，是眾生不斷生滅的原因，是可以現象來說明的，所以是可說的「生生」。

於愛、取、有上修體空觀，證得通教行人的果位，其機緣是無法預料的，是為生不生不可說。但從現象來說，十因緣法是眾生生死的主要原因外，眾生也能從十因緣法中斷除煩惱而證悟，所以從生滅歸於不生滅的現象還是可以說的。

若於愛、取、有上修漸次三觀，感得別教的果位，其機緣是無法預料的，是為不生生不可說。十種因緣法（無明到愛取有等十支）也可以說是菩薩從無生（不生）中，發願來到人間度化眾生的色身依止，故不生生是可以說明的。

若於愛、取、有上修一心三觀，感得圓教的果位，其證悟機緣無法預料的，是為不生不生不可說。菩薩依持色身，度化眾生中再證得佛果，也是這十因緣法為作因，所以不生不生也可以說的。

若有眾生，一切的煩惱、一切的現象（法）、因果也會跟著成立，度化的法門也隨之而生，若成立各種不同因緣教義，一切行門、解門的因果關係就會跟著展開，能度化的行果也會顯現出來，這就是無生門，一法立則一切法就跟著成立。常言說：「佛說一切法，為治一切心，若無一切心，何用一切法？」如《大智度論》說：「若聽聞阿字（無生）門，就能了解一切法義。」就是這個意思。

在《地持經》中提到四種種性：聲聞種性、緣覺種性、佛種性、菩薩種性。沒有這四種種性，一切善法趣道就無法成就。佛種性是圓教的根機，菩薩種性是別教的根機，聲聞種性、緣覺種性是藏教與通教的根機，所以，破法遍的無生門義，即如上所說。

另外，從無生門來論破法遍，又可從空觀、假觀、中道觀來破。這三觀實在是一心的作用不同而已。如《大智度論》說：一切智、道種智、一切種智，三智實在是存於一心中，為了向人說、讓人容易理解，所以才分聲聞、緣覺、佛等三人。

《華嚴經》也有二種意義：宣說菩薩經歷三大阿僧祇劫，修行成佛，此乃為鈍根人所說。若說初發心時，便成等正覺，所有智慧不由他悟（由自性般若發），此即是利根人也。

從無生門破除各種法的執著，在「豎破法遍」的角度有破有從假入空、破無從空入假、雙非二邊中道正觀三種。從假入空中，又可從見假入空與思假入空來論述。而見假入空，內容分：見假、空觀二門。如左圖：

- 豎破（無生門）
  - 從假入空
    - 見假入空
      - 見假
        - 外道
        - 佛法
      - 空觀
    - 思假入空
  - 從空入假
  - 中道正觀

豎破無生門——破有（從假入空）——見假入空——見假

凡夫對世間現象容易以自己所見，對六塵境產生執著分別，是名見惑。有了見惑煩惱，就會障礙對無自性空的體悟。若能見到無自性的空理，就能斷除見惑。見惑內容，分四種：單四見、複四見、具足四見、無言見。

單四見指執有、執無、執亦有亦無、執非有非無。在「執有」中，指八十八使、六十二見、百八煩惱。

凡夫一旦執著世間「有」為的現象，就會與「我」相應，即是「我見」。以我來執取世間的斷常，是為「邊見」。因為有我見、邊見，對世間、出世間因果，撥無因果，是為「邪見」。

執著這種錯誤觀念修道，希望通達涅槃，是為「戒禁取見」。執此「戒禁取見」是真實的，其餘的是妄語，不接受其他看法，名為「見取見」。此五種，即是根本煩惱的五利使（我見、邊見、邪見、見取見、戒禁取見）。

對自己喜歡的一切產生「愛」；對不喜歡的產生「瞋」；我了解他不了解，就產生「慢」心；不知道所見的一切，是煩惱所造作產生的果報，是為「癡」；對事情常猶豫不決，是為「疑」。這是五鈍使的內容。

五利使與五鈍使（貪、瞋、癡、慢、疑）等十種煩惱惑，是欲界苦諦中所斷的；集、滅二諦所斷各有七使（除五利使中之我見、邊見、戒禁取見）；道諦所斷有八使（除五利使中之身見、邊見），共斷三十二使。於色界、無色界各四諦所斷皆如欲界，然各諦之下又除瞋，故各斷二十八使。色界、無色界共計斷五十六使，故三界共計斷八十八使。如次頁圖：

六十二見是外道的邪見，是以色、受、想、行、識等五蘊法為對象，生起常、無常、亦常亦無常、非常非無常等見，如是五蘊×四見共成二十見；再以色、受、想、行、識等五蘊為對象，起有邊際、無邊際、亦有邊際亦無邊際、非有邊際非無邊際等見，如是二十見共成四十見；以色、受、想、行、識等五蘊為對象，生起有去來、無去來、亦有去來亦無去來、非有去來非無去來等見，如是二十見共成六十見；此六十見又加上根本的色、心二見，共成六十二見。

而百八煩惱指我們的六根單單眼、耳、鼻、舌、身、意，各自對清淨和汙染各有

- 見惑（迷理惑）
  - 欲界
    - 苦諦—十
    - 集諦—七（除身、邊、戒禁取）
    - 滅諦—七（除身、邊、戒禁取）
    - 道諦—八（除身、邊）
    - —三十二
  - 色界
    - 苦諦—九（除瞋）
    - 集諦—六（除瞋、身、邊、戒禁取）
    - 滅諦—六（除瞋、身、邊、戒禁取）
    - 道諦—七（除瞋、身、邊）
    - —二十八
  - 無色界—同色界—二十八
  - —八十八使

好、惡、平等覺受，就有六根×二相×三受，共三十六種煩惱。而一世有三十六煩惱，二世有七十二煩惱，三世就有百八煩惱。

所以，凡夫所見的一切，由於起心動念就生起有、無的執著，才有八十八使、六十二見、百八煩惱等。

除單四見外，複四見、具足四見、無言見也是具有八十八使、六十二見、百八煩惱的，四見的內容如下：

單四見：有、無、亦有亦無、非有非無。

複四見：有（有、無）、無（有、無）、亦有（有、無）亦無（有、無）、非有（有、無）非無（有、無）。

具足四見，分述如下：

有具四者：有「有」、有「無」、有「亦有亦無」、有「非有非無」。

無具四者：無「有」、無「無」、無「亦有亦無」、無「非有非無」。

亦有亦無具四者：亦有亦無「有」、亦有亦無「無」、亦有亦無「亦有亦無」、亦有亦無「非有非無」。

非有非無具四者：非有非無「有」、非有非無「無」、非有非無「亦有亦無」、非有非無「非有非無」，是名具足四見。一句具八十八使，如是六十二見，見見具八十八使，百八等，如前說。如下圖：

無言見：單四見外，有一個無言見；複四見外，也有一個無言見；具足四見外，也有一個無言見。總說為無言見。

從佛法的角度來說，三藏教、通教或別教、圓教，這四門都有可能生起四見偏執，如是一一見中皆會生起八十八使、六十二見、百八煩惱，如前面所

具足四見			
1.有	2.無	3.亦有亦無	4.非有非無
有	有	有	有
無	無	無	無
亦有亦無	亦有亦無	亦有亦無	亦有亦無
非有非無	非有非無	非有非無	非有非無

說。

又，見惑從體性來說也叫見假。

《成實論》中提到有三假：因成假、相續假、相待假等三假：

因成假：意根接觸法塵（世間萬象）時，一念心起，此一念乃因緣和合，故是因成假。

相續假：念念生滅，前念與後念，念念不斷，即相續假。

相待假：悟得此一念心，必由非心來陪襯，如觀眼識之生起，必由眼根與色塵來顯眼識，此為相待假。

又從色身來說，過去世造作各種行為，托父母因緣而有此色身，即是因成假。從胎相相續成長而有六根乃至成人，是名相續假。因為有此色身，相對死後的色身壞滅，即名相待假。

不僅是吾人色身具有三假的性質，連外在的環境也具有三假的特性。故從緣起的角度來說，人是五蘊假合而有，外相的山河大地、長短、時節變化等也是因緣和合所成。此是三藏經中所言的隨事三假。

小乘佛教有世間三假的立論，大乘教義也說明三假，一切皆是無明而起，如幻如化，世間但有假名，沒有實際存在的本質，一切皆不可得。如鏡子中所現的色、香、味、觸，實不可得，何況以此所形成的幻象，當然也是不可得。

在《大智度論》卷七舉出十喻來說明「色的本質就是空無自性，並非滅除色質後才顯現空」，所謂十喻是：如幻、如焰、如水月、如虛空、如響、如城、如夢、如影、如境象、如化。此是說明大乘的隨理三假。

又，《大智度論》也提到三種有：相待有、假名有、法有：

相待有：長因為與短比較才顯出其長，短因為與長比較才知道其短。東西的分別也是如此，有名無實，是為相待有。

假名有：如酪色、香、味、觸，四事因緣和合，才有假名酪的產生。雖然有，是各種因緣和合才有的，雖不是永恆存在不變，但決不是像龜毛、兔角的虛無，而是具各種因緣和合才有，假名稱它是酪。

法有：即是色、香、味、觸，四種實際的東西和合，稱為法有。

此三有與三假有何不同？

法有是假施設的有，如因成假一般。假名有，是各種因緣和合才有存在的現象，與相續假同。而相待有，是彼與此的相對比較才有假名存在的現象，與相待假同。

《大品般若經》說：接觸外緣就會有念頭的產生，如果沒有外境，念頭就不會無故生起，即是因成假的意思。

《涅槃經》也說，如讀誦經典一般，雖然念頭會念念生滅，但卻能從一部《阿含經》讀到另一部《阿含經》，次第而讀，就好像飲食時，雖然念頭念念生滅，但能夠從飢餓慢慢到飽食，此是相續假的意思。

從世間法來說，生與死、菩提與涅槃、東與西、長與短等是相待的，但是從出世間法來說，現象諸法是不相待的，因為一念不住故。

所以，不僅藏教有四門生四見，見惑中有三假、六十二見、百八煩惱等，通教、別教、圓教也都有此煩惱相的。

破法遍中，豎破無生門可從三觀來破。第一從假入空觀已說明見假入空中見假的情形，接著介紹破假入空的內容。

豎破無生門——破有（從假入空）——見假入空——空觀

破假觀分破假觀、明得失、明位次來說明。破假觀又可以分為破單見、破複見、破具見、破無言見等四種說明。

（一）破假觀

甲、破單見

此乃針對破除見惑中的四見所修的觀法，破除單見觀可從廣略兩個角度來談，今從廣的角度來論述：

簡單的說，若一念心生起於單四見中必是其中一見。有見解的產生，即是與三假的虛妄不實有關也必然與八十八使的煩惱相連。若能體達世間一切皆如陽焰、夢境般的不實，因緣假合無自性空故，本末都是畢竟清淨，是名為止。

又，觀無明本是因緣所生，無自性空，當下即是與法性沒有差異，法性本來清淨，沒有起滅，無明惑亂身心也是因緣假合而生，其本質也是畢竟清淨，沒有主宰生滅的主體，若能如此觀無明時，沒有能觀、所觀的主體，猶如虛空，如是觀時畢竟清淨，是為從假入空觀。

單見的廣破中，主要指破有見、破無見、破亦有亦無見、破非有非無見四種。今依次說明：

1. 破有見

在破除有見中，分別以四句來破除因成假、相續假、相待假之執見。

利根的信行人一聽聞這樣的道理就能體悟其中道理，法行人思惟法義也能了解。若鈍根的人，不但聽聞、思惟後尚不能理解，還會對法義產生誤解，增加過失，所以《中論》說：「未來世中，人的根性轉為鈍根，造作種種惡業。」鈍根的人不知因緣無自性空的道理，今才依《中論》廣說觀法。

現在為鈍根的人以龍樹菩薩的四句，廣破單見、複見、具見、無言見等錯誤見解。龍樹菩薩的四句是：「諸法不自生、亦不從他生，不共不無因，是故知無生。」此乃破除自生、他生、共生、無因生[4]的偏執。如觀一念心生起時，是心自己生起還是眼對外塵境時才生起？是根與塵和合才生起，或是根與塵分開才生起？

(1)以四句破除因成假之執

①破自生心：假使心生起念頭，前念是根，後念是識，是從根生起心還是從識生起心？若是根中具有識才生起識，那根是有識才生識還是根是無識才生識？若根是有識才生識，那根與識是並列的就沒有能生與所生的分別了，若根沒有識而能生識，那麼各種沒有識的東西為什麼不能生識，而為什麼根無識卻能生識？

根雖然沒有識而有認識的性質，此認識物的性質是有還是沒有？若是有，已存在根中，與根有何不同？根若沒有識性是不能生起認識的作用的。又，識與識性是一還是異？若是一，識等於是性，就沒有能所的關係了；若不同，還是他生不是從心生起的。如此推理，心是不會生起各種念頭。

②破他生心：假使心念不會自己生起，是因為外塵才有心念的生起，如經上說：「有因緣才有思念的生起，無外在因緣，思的念頭就不會生

起。」如果是這樣，外塵是在意念之外而引發內在識的分別，那心念的生起是由於外緣（他）而生起的。

有人認為心念是由於外緣才會生起，這是心是他生的判定，今要破除心念是他生的執取。

現在假設外塵是心才生心還是不是心而生心？外塵是心的話，就不名為外塵，假使也不是在意念之外，就如同是自生了。假使此二心是同時生，就沒有能所了？

外塵若不是心哪能生起念頭？假使是外塵中有念的性質才會生起心念，此性質是有還是沒有？若性是有的，性與外塵相同，那就沒有能所的分別了；若性是沒有的，那又如何生？如是推求，知道心畢竟不是從外塵而生的。

③破共生心：假使根與塵和合才有心念的產生，那麼是根塵各有心，因為和合而心生還是根與塵都沒有心而生心？假使兩者都有心，和合而生心就會墮入自生與他生之中；若兩者都沒有心，和合的時候也不會生心

的。

譬如鏡子與鏡面是各自有像而生像還是各自無像而生像？若是各自有像而生像，就會有兩個像；假使兩者都沒有像，和合之後也不會生像。若鏡子與鏡面和合而生像，現在實際是不合的，和合後也沒有像的產生！若鏡子與鏡面分離而生像，各在一方則應有像，但事實不是這樣！根塵和合也是如此！如是推求，知道心畢竟不從和合而生。

又，根塵各有心性和合而生者，其性是一還是異？是有還是無？如破自生心所說，亦是不可得的。

④破離生心：有人主張，根與塵各離心而生心者，此是無因緣而生。即是無因緣，怎麼可能生心？是根與塵離塵而生心還是根與塵無緣而生心？若根與塵離緣而生心，還是從緣生，不能稱為離！若是根與塵無緣而生，怎麼可能生心？

同理，從自性的角度，是有自性生還是無自性生？這都是不可能的情況。如是推求，知道心念畢竟不從離緣而生。

已破除自生、他生、共生、無因緣生的執著見解，現在引證《中論》的四不生句作總論。

《中論・觀因緣品》說：「諸法不自生，亦不從他生，不共不無因，是故知無生。」世間一切現象產生是因緣和合而生，沒有自我的自性，故稱為無自性生，不但本性是無自性空，連外在的相也是無自性空。

若從四句推自性不可得，是從世俗諦的角度破除自性執，名為性空；若從四句之名推其不可得，是從真諦破假相之執，是名相空。自性與外相皆是空相，這是從總體來論的從假入空觀。

從性相俱空的角度也可以再論及到十八空的內容，若觀十八空也是不可得，是為十八種從假入空觀也（詳參《大智度論》十八空）。

(2)以四句破除相續假之執

四句是：有、無、亦有亦無、非有非無。若在因成假的論破中不能領悟一切因是無自性生，就應轉入相續假來破除執見。

相續假指我們當前一念的念念相續，是前念滅後再生後念？或是前念不滅後念就生？還是前念亦滅亦不滅而生後念？或又是前念非滅非不滅而生後念？如此推求，此四句亦不可得也。

若知相續無自性，即是世俗諦破自性執，名為性空。相續之中，沒有固定的假名，即是真諦破除假相之執，名為相空。性相皆空，乃至十八空都是不可得，是名從假入空觀。

(3)以四句破除相待假之執

因成假是取根與塵兩法和合而成，相續假是取意根的前念、後念相續意，相待假是從相對待的角度來論述心生的無自性生意。破除的方式亦如前面所敘述一般，故不再贅述，依此，名為從假入空觀，開發慧眼見第一義。所以，非但有見、三假的煩惱斷除，一切的見惑也斷除清淨，使真實的正智慧現前。

以上，即是從假入空觀破除有見的內容。

2.破無見

廣破從假入空觀的有見後，再論破無見的誤執。破無見中，分總破、別破兩項。別破又分：破亦有亦無見、破非有非無見、破無言見。

(1)總破者，如《大品般若》說：「識的無自性尚不可得，何況是識的生起？」故，生與無生皆不可得。

(2)別破者，行人用止觀破因成假、相續假、相待假等三假，性相皆空，泯然入定，不見內外，也沒有所謂的前後亦無形相的對待關係。若以為在寂然定中，身心、一切都是清淨的而覺得一切是無心的，認為自己已證入無生止觀，定慧具足而生起執著，執著此無生的空想是諸佛所不能化導的。因為諸佛說無生的空法是為了破除各種見的執著，若於空中又生執著空之見，諸佛對此著見亦無法教化！

有人問，佛法觀空與外道觀空有何差別？在《大智度論》卷十八說：「外道愛慢多故，不捨一切法。」

又問，外道觀空不是已經捨離一切，為何不捨？外道觀空，但執取空相，雖然知道諸法空，但不知我空，愛著觀空智慧的緣故，若生起愛著的心便成我見，我見就具足八十八種煩惱，既有八十八種煩惱，不免又淪落生死之苦了。

如此的罪過皆是由空生起的，它已障礙修道、障礙進入第一義諦，豈能獲得涅槃？此為外道觀空。

佛弟子觀無生時，若生起一切皆空的心，即知是愛。因為生起空心，當下即是愛著，愛著即是無明，無明就是我見等，我見中含八十八使、三假煩惱惑等，終究不是真正悟入無生。

著空義中，如何是三假煩惱執？在無生的法塵中，生起一念空生的心，即是因成假執；以為生滅不斷的心是於無自性中生，是相續假執；豁然悟入無生中，有感於是由有相中生，是相待假執。

若能透過根與塵產生分別的心，分析是自生或他生或共生或無因生？推求其理，四生皆不可得，一切法性畢竟清淨故。

既然一切法性畢竟空故，當知無生空義的心，若遠離自生、他生、共生、無因生的四種執著，是名性空。性空即是沒有執著的心，沒有執著的心但有假名的名字，名字不在內、不在外，是名相空。乃至十八空的內涵也是如此！以上所說，是為從假入空觀見第一義也。

依從假入空觀能破除一切有見、無見的煩惱惑及障礙，就能獲得真正的智慧。若不能去除煩惱與障礙的行人，應勤用止觀善巧修習，調伏所有五陰中見惑的八十八使，成就善的有漏，依次修習必能破除見惑煩惱障而見第一義。

3. 破亦有亦無見

再破亦有亦無見的三假，行人若能善用止觀調伏無見的煩惱惑，就不會生起三假（因成假、相續假、相待假）的執著了。

在此相中，若進修一分的定慧，豁然引發亦有亦無的心念，便以為若沒有空無的心念如何能知什麼是無生？無生是無，知即是有，引發這種心念時，以為所感受的亦有亦無見是事實，堅持執著此見，不知這是偏見執。如長爪梵志外道自以為得道，不知是偏見執，經佛陀點化方能棄捨偏見執而悟道。引發亦有亦無見的人也是如此！

佛陀如何指示此項執著的實相？《大品般若經・行相品》說：「菩薩摩訶薩行般若波羅蜜時，行亦不受，不行亦不受，行不行亦不受，非行非不行亦不受，不受亦不受。舍利弗問須菩提：『何故不受？』答：『般若波羅蜜空故，自性不受。』」菩薩行般若波羅蜜時，有此五種受都不可得，故，亦有亦無見亦是不可得，菩薩能遠離五種受才能真正見到實相。

以下，又以苦與集來分析亦有亦無見之過患：

(1)心中苦之過患：為何說受是亦有亦無的法塵？這豈非是受陰？若以亦有亦無見來了別此受，那色、想、行、識的四陰也會產生如此見解，如此的想法皆稱為汙穢，因為此見還是依色陰而有！又，意根的受，是亦有亦無的法塵，即成為界，根塵相涉，即是入，有入與界即是苦。凡夫了別世間的方式即是以六根接觸六塵（十二入）產生六識的分別，是名十八界的世間。

(2)心中集之過患：若於心中生起「我能行、我能受、能夠知道此法是假名而有」，即是生起我見，既生我見就會生起邊見，若於其中生起撥無因果的見解，是名邪見，執著這種見解即是戒禁取見，以此為涅槃相即是見取見。

不合心意，生起瞋；順自己心意，生起歡喜；認為我會、他不會，即生起我慢；不認識世間煩惱與果報真相，即是癡；隨前之見解就容易生起大疑。如此，十種煩惱使，三界中皆有，具足八十八種煩惱，違背正道、順於生死都是由於亦有亦無見所生起的，此亦有亦無見同時也具足三假的相貌，如前所說的一般。

4.破非有非無見

破除亦有亦無見，也以性空與相空的方式來破除，破除非有非無見亦是如此破，在此不再重複贅述，以上是以單四見詳說內容，其他複合四見、具足四見也是如此！

乙、破複見，如上。

丙、破具見，如上。

丁、破無言見（惑）假，如上。

在無言見中，以主張絕言無生來破，之後，嚴厲批判老莊思想，因為絕言見以老莊思想為代表。

若能於定中，進一步引發定慧，豁然明淨，卻生起另一種不同的見解，認為有此心明寂靜之心即是有，有即是生死。上述的「有、無、亦有亦無、非有非無」四句皆是虛假不實的，所證之理是離開一切言說、遠離四句才是無生。有此見解，似乎是離開四句之誤，論其觀點也離不開四句的範疇，而四見又有單四見、複四見、具足四見。

若再以遠離三種四句外，是言語道斷、心行處滅、泯然清淨，就是無生的絕言道。如此論者，還是不可說的絕言觀，與真理正道有何關係？說是絕言，終究非絕。因為，有對待的不絕來說絕，是相對性的絕，有相待就不應該說是絕，如避開虛空而說空，哪有這種道理？

破除絕言見的錯誤，又豎破其之所以不絕乃是心猶不絕的緣故，無言見會起一切生死因果，如何稱絕？今從豎的角度破除執著有的心，因有即是生。你是何等的生！（你執著什麼？）

以下，從天台四教階位上易生起執著的境界作提問，乃是破除吾人在修行上的執取心。

1. 從三藏教位生執

在藏教的聲聞人於修道階位上分凡夫位與聖位兩種，凡夫位又分內凡位及外凡位。外凡位有五停心觀（不淨觀、慈悲觀、數息觀、因緣觀、界分別觀）、四念處（觀身不淨、觀受是苦、觀心無常、觀法無我）、分別觀照的別相念處及四念處並修的總相念處；內凡位有煖、頂、忍、世第一法，又名四善根位，內凡位與外凡位總稱為七方便位，是方便進趨聖位的初果故。

而聖位又分見道位（初果）、修道位（二果三果）、無學道位（四果羅漢）。在見道位中，以十六心見道，破除八十八使見惑，見真諦偏空之理，故言見道。

行人是於五停心觀[5]生起執著，還是於總相念處[6]生起執著？是於煖、頂、忍、世第一法[7]生起執著還是於見道[8]中的第一心苦法忍起執著？又或是於見道位中已發無漏慧，今再重複觀照中生起執著？

2. 通教位生執

通教行位次第依《大品般若經》言，有乾慧地等十地。在第一乾慧地與藏教的五停心觀、總相念處、別相念處的外凡位相等。第二地的性地即是內凡位，與藏教的四善根位齊。第三地的八人地、第四地的見地同斷三界八十八使見惑盡，與藏教的初果位齊。第九地的菩薩地見思惑盡，與二乘相同。通教的行人是於第一地的乾慧地[9]以為是見道還是於第三地八人地[10]以為見道？或者是於第九地的菩薩地進斷習氣，得法眼、道種智，遊戲神通，淨佛國土，成就眾生時生起執著？

3.從別教位生執

別教的行位次第依《瓔珞經》說，有菩薩五十二階位，又可分為一凡二聖。凡夫位有二項，十信為外凡位，十住、十行、十回向為內凡位；聖位有十地、等覺為因，妙覺為果。別教的十信位與藏教的三賢四善根、通教的乾慧地、性地位次相同。初地開始，已捨凡入聖，用中道觀破一分無明就顯一分法身、般若、解脫三德，乃至等覺位皆稱聖種性，因初斷無明，別見真中道，又稱為見道位。

別教的菩薩是於十信位時生起執著或是於十地見中道義時生起執取心？

4.從圓教位生執

圓教的行位次依《法華經》、《纓絡經》，略有八項：⑴五品弟子位[11]屬於外凡位；⑵十信位（又稱六根清淨位）是內凡位；⑶十住位是初聖位；⑷十行；⑸十回向；⑹十地；⑺等覺是因位之末；⑻妙覺是果位。

圓教的行人於十信位時產生執著或是入初聖位的十住時生起執取心？或是於十地、等覺、妙覺時生起執取心？從四教行位說明生起執著的現象也皆是見惑的範疇！

已從豎的角度，破除無言見，對天台四教行位生起執著，一切皆是見惑。以下，「豎破無生」，再從三身佛與三惑、三因佛性[12]的角度來說明。

若論「無生」的話，是何種的無生？是見惑的不生？還是思惑的不生？或是塵沙惑的不生？或是無明惑的不生？是造業的不生？或是果報的不生？是行為的不生？還是理念上的不生？

世人皆說不生，不生就是佛。而此佛，專指法身佛。今從三身佛的角度說明：真理本有、一念不生，即是「法身佛」；無明惑不生，究竟智慧圓滿，即是「報身佛」；破除塵沙惑、見思惑盡，即是「應身佛」。

又，無明障礙中道實相，中道顯發，法身就現，即是「法身佛」；見思惑障礙空性理，煩惱惑盡除，空義就顯出，「報身」佛就顯現。塵沙惑障礙了知俗諦理，若能通達世俗諦，便能化導眾生（應身佛）。

又，不生一切造業行為、階位之執著，即是「應身佛」；不著所得一切智，即是「報身佛」；不著中道實相理，即是「法身佛」。

又，應身佛是從緣因佛性生，報身佛是從了因佛性生，法身佛是從正因佛性生。若出生「三身佛」，即是「無生」，無生即是「三身佛」。

故，聽聞「不生」的意義，就能了解一切佛法的真義；若聽聞此「不生」的內涵，既知三身佛皆從「無生」中而生。所以，一切法皆從「無生」而立，依此可勘驗自己對諸法的執著心。如左頁圖：

之前已充分顯示無生的理解，今再就《中論》中的不生不滅，在天台四教的意涵中，指出世人對無言境界的錯誤見解：

有人責難《中論》中說不生不滅的意義尚未領會甚深的真理，因為煩惱是生法，

法身佛：一念不生	中道發、法身現	不著實相	正因佛性
報身佛：無明惑不生	見思、塵沙惑盡	不著一切智	了因佛性
應身佛：無見思、塵沙惑	通達世俗諦、化導眾生	不著一切造作	緣因佛性

住、異、滅三相的遷流變化是滅，但破其執，不破此生滅相，故說是不生不滅。論師雖作許多意義的解釋，但不明深淺的分齊，故被他人責難，只是從煩惱破除相來入空，非真正入空。

《中論》的論師解釋說，所謂不生不滅是不不生、不不滅，來顯示中道。此種說明是不周全的。依龍樹菩薩的意思，不生不滅有藏教兼含通教與別教的義理，方說是不生不滅。不生者，沒有生死輪迴之二十五有[13]之生，沒有三相（生、住、滅）的遷滅能破二十種身見[14]，成就初果的須陀洹乃至四果羅漢的無學位。這豈不是有藏教與通教的意涵嗎？

若生與滅從相上來說，都屬於生；涅槃是屬於空的寂滅，離此種生也離此種滅的見解，雙遮有空二邊，這不就是含別教的意涵？

若生若滅乃因緣所生法，即空、即假、即中。即空故不生，即假故不滅，不生不滅即是中道。以此四教來解釋《中論》的不生不滅意，從藏教、通教中含別教義來顯示中道，道理就很清楚了。

龍樹菩薩善巧的以不生不滅來廣攝諸法，方是大乘的旨趣！

已用天台四教來說明不生不滅的意義，今再以十個角度論《中觀》對不生不滅理解上的缺失：

1. 邪見外道

有外道說，一切法是可破、可壞滅、一切語言可說明的。而真理是非有非無，遠離、絕了一切語言文句，心中不存一法，是不生，不生本身就是不生，是名不不生，雖然於情理上說是不生，而實際上還是有生的意想存在。如非想說是無想，但卻成就微細的想，這是邪見外道的不不生。

2. 犢子道人

於佛陀入滅後三百年的部派佛教中，從上座部分裂出的犢子部[15]，主張我是在過去、現在、未來、無為及不可說法的五法之中。因為犢子部的《阿毗曇》說：「五眾不離人，人不離五眾；五眾不是人，人不是五眾；人在第五不可說藏中所含攝。」故說一切有道人皆說一切種、一切時、一切法門中求不可得，如龜毛、兔角，其體常無，五陰、十二入、十八界等無有自性，此是不生。犢子部所主張的還是小乘的觀念，所以此不生猶須要破除，故說不生亦不生。

3.三藏二乘

於藏教中的聲聞緣覺斷除三界的見惑、思惑，是不見（沒有見惑）、是不思（沒有思惑），故說是不不生，但是還有習氣在。

4.三藏果佛

假使三藏教的果佛見思惑及習氣斷盡，名不不生，一不不正（沒有要斷的見思惑）、一不不習（沒有習氣），故說不不生，這是從分析法義角度說不不生。

5.通教二乘

假使通教行人體悟見惑本是無自性的不生，體悟思惑也是無自性的不生，故言不不生。如《思益經》說：「我於無生（無自性故）、無作（因為無自性故無所作），而得作證。」二乘行人雖體悟見思惑的無自性生，但猶有習氣在。

6.通教果佛

若通教行人見、思的正惑斷盡，連習氣也盡除，也是不不生。此是分段的不不生。

7.別教因人

若別教的行人斷除通教的煩惱惑及別教的煩惱惑，是不通（不再生通教因故）、是不別（別教惑斷盡故），名不不生。但是別教的煩惱惑分三界內與三界外，雖三界內的煩惱惑斷盡，尚有三界外的煩惱惑尚未斷盡。

8.別教果佛

假使別教行人能把三界外的煩惱惑斷盡，名不不生。此尚是從權教的方便權巧說不不生。

9.圓教因人

圓教的行人以一不不通、一不不別，名不不生。但尚在因地，猶有三界外的修行、智慧、報身之德行尚未圓滿。

10.圓教果人

若圓教行人進入妙覺地時，佛性顯發，智慧德相本自具足，是為不生；無明究竟斷除，是為不生。行為、智慧、報身已成就解脫、般若、法身三德，是為不不生；又，真理究竟圓滿，是為不不生；又真如理體，本自具足，亦為不不生。

智顗大師以十項來說明所謂不生不滅的意義是不究竟的，唯有真正圓教的果佛方為究竟圓滿，是真不生。

小結以下。同樣，以圓教之理來豎破亦生亦不生、非生非不生（於生相上起執所致）。

在豎破外道的絕言見中，以「有、無、非有非無、亦有亦無」分別論述。其次，對於老莊思想[16]的「道可道非常道，名可名非常名」，也以佛教惡魔比丘來批判。上述內容繁複，故不在此贅述。

（二）明得失

已說明空觀破除一切世間假合之相的各種執著，今再論述料簡得失，也就是說明得失。

修習止觀去除所有的執見，有什麼利益？今從四個角度來說明去除執見的情況：1.舊的煩惑尚未去除，新的煩惱又生起。2.舊的煩惱去除了，但新的煩惱又生起了。3.舊的煩惱尚未去除，但也沒有新的煩惱。4.去除舊的煩惱，新的煩惱也沒有生起。

這四項就如服藥：1.舊病尚未痊癒，因為吃藥卻增加新的病症。2.吃藥已對治舊病，但因為吃藥的關係而增加新的病症。3.雖然吃藥了，卻無法治病，但也沒有因為吃藥而增加新的病症。4.因為吃藥，所以藥到病除也沒有增加新的症狀。前兩種是外道的得失相，後兩種是佛弟子的得失相。

分說如下：

1.故惑不除，新惑又生

本來用止觀對治生死煩惱惑，但修止觀的過程，貪欲心卻從來未曾止息；因此修習止觀中，更引發各種的邪見，撥無因果，無所不為。所以，是「舊的煩惑尚未去除，新的煩惱又生起」。

2.故惑除，新惑又生

修習止觀時，因為生起貪求衣食等各種煩惱，為了止息這些煩惱，企圖用刀割、以泥塗身來壓抑自己不生憎愛心，極端忍耐，備受諸苦。雖然於心上以平等心不計較財物得失，但執著謬見之心，是令人恐怖畏懼的。如極渴的馬想要獲得水來止渴，但卻極端的破壞水源，撥無因果。這是舊的煩惱去除了，但新的煩惱又生起了。

這兩種是屬於外道的現象，於愛處再生愛、瞋處再生瞋，假使學習止觀有如此的見解，就等同外道了。

3.故惑不除，新惑不生

佛弟子修學止觀，為了方便入道，嚴誡見與愛二煩惱之生起。若有因緣進入空觀，當下一念心起，能了知因成假、相續假、相待假之假合相貌，隨著修學止觀的情境破除對相的執著、對體性的執著。雖然潛在的貪瞋煩惱還在，但見的執著已漸漸消除了，已能降伏六十二種錯誤之見，是名舊的煩惱尚未去除，但也沒有新的煩惱，這種是屬於修方便道的行人。

4.四故惑除，新惑不生

假使能於修學止觀時，隨著念頭逐步檢驗有沒有因成假、相續假、相待假之執取相，並能以析空觀、體空觀、次第三觀、一心三觀等四觀體達一切皆是虛妄，性與相俱空，豁然引發見真之相貌，即是見到真理之相。只有舊病消除，新病不發才能進入見道諦，成為聖人也。

（三）明次位

以下，以天台四教來論述破除見惑的階位：

1.三藏位

依三藏教的教法修總相念處[17]、別相念處[18]來調伏四顛倒，若不生執著世間的常、樂、我、淨四顛倒，就能發起煖、頂、忍、世第一法的四善根[19]，成就能進入見道的方便位等，若能進一步破除各種見惑煩惱就可以證得初果。

2. 通教位

若依通教的教義調伏見惑煩惱，是進入通教的行位乾慧地，乾慧地未顯發真諦的理水，乾有智慧，故得乾慧之名，與藏教的五停心觀、總相念處、別相念處等三階位齊。若能透過乾慧獲得煖法乃至世第一法，無生方便，解慧善巧，相似得無漏性水，調伏見思惑，即內凡位，與藏教四善根位齊，就是第二地性地，若能進一步從世第一法轉入無間三昧，因為八忍具足，故名八人地[20]。

說明「破除見惑的階位」，已說明天台藏教、通教之意義，接著說明「別教、圓教」：

3. 別教位

若依《瓔珞經》的五十二階位，作為別教代表來考察斷惑內容在信調伏見思惑者，是為鐵輪十信位；斷除見思惑，是為銅輪的十住位。[21]

4. 圓教位

圓教依《法華經》、《瓔珞經》設八科，說明圓教修道的過程；此八科為：五品弟子位、十信位、十住位、十行位、十回向位、十地位、等覺位、妙覺位。若能調伏見思惑，就是五品弟子位；能斷除見思惑，是六根清淨位（十信位）。

四教，在調伏與斷除見思惑，名稱雖然相同，但在觀法的智慧上，卻差異很大。「三藏」，觀可思議的真諦，以析法觀的觀智來斷除煩惱。「通教」，觀可思議的真諦，以體法觀的觀智來斷除煩惱。「別教」，雖然知道中道義，但以次第三觀的觀智來斷除煩惱。「圓教」，即是正修中道義，以一心三觀的觀智來斷除煩惱。所以，四教在斷惑上，是不能混淆的。如左頁圖：

- 三藏教
  - 伏見：總相念處、別相念處、煖頂忍世第一法
  - 破見：初果羅漢
- 通教
  - 伏見：乾慧地、性地
  - 破見：八人地、見地
- 別教
  - 伏見：鐵輪十信位
  - 破見：銅輪十住位
- 圓教
  - 伏見：五品弟子位
  - 破見：六根清淨位

豎破無生門——破有（從假入空）——思假入空

破除煩惱的空觀中，已說明見假入空的內容，接著論述思假入空。思假入空從（一）什麼是思假；（二）思假的空觀；（三）思假的境界階位，來作說明。

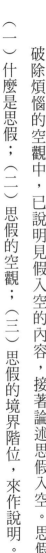

（一）什麼是思假

所謂的思假即是貪、瞋、癡、慢，又稱鈍使，也叫正三毒，因為慢是癡所含攝，思惑歷三界九地共八十一品思惑[22]。

（二）思假的空觀

要出離貪欲的煩惱，從每一品的三假展開貪的九品惑。如女人有六種欲望，即是色欲、形貌欲、威儀姿態欲、言語音聲欲、細滑欲、人相欲等分別。此六種欲望若接觸行人，能讓六根生起染著，引起內心的欲望而於外在顯現貪相。初果羅漢尚未能斷除貪欲，何況是凡夫？佛世時的難陀比丘[23]，證悟後尚有愛見女人的習氣，如果在大眾中見到女人必先與女人交談，何況是尚未斷除煩惱的凡夫？故《法華經》說：「不應於女人身取能生欲想相而為說法。」若取女人相而動意念，生起貪欲心者，即因成假。貪著女人相的心念若相續不斷且去行動的話，就是相續假。以有貪欲的心相與沒有貪欲心相的分別，即是相待假。

對境生心尚且知道是虛假的，何況從道理上來論述？論述對境生心，再從六根來探討：

觀此貪欲的心是從（六）根生還是（六）塵生？是根塵和合而生還是根塵分離而生？貪欲若從眼根生，在未對色塵時，心中應該早已生起貪欲心了。若是貪欲從色塵中生，色塵是外相，與我的心念又有何關係？若貪欲是根與塵兩者和合而生，那應該生起兩個心念！若是無因而生，貪欲在無因緣之下是不會生起的。所以從以上四句就可以知道，貪欲是無所從來亦無所從去，沒有來處也沒有去處，無來無去畢竟空寂。

貪欲心之性是空的，無自性空故；貪欲的相也是空的，相空故。利根的人如此作觀，能去除一品的思惑就能證得一分的中道實相，破除貪欲的九品惑也是如此的情形，破除瞋、癡、慢的九品惑也是這樣！

已說明破除欲界九品思惑方法，接著介紹色界各地（共四地）的九品思惑：

破除色界的思惑，有的人用世俗智慧、有的人用無漏智慧來破除。如慧解脫的行人雖然沒有世間的禪定力，但以無漏的智慧破除思惑而證得羅漢。初果的羅漢沒有世間的禪定力，但以進修重觀的智慧思惟真理，就是用無漏智來斷除思惑。若是具足定慧的解脫行人，有時用世俗智、有時用無漏智來斷除煩惱。

今依世俗智，從修禪的角度來說明：

1. 初禪惑相

若修習禪定，破除事相的見惑障礙能引發欲界定；若能見到空性理，破除執著，即發色界定。故說「事障未來，性障根本」（事障[24]未除，性障還在），若除去性障就發初禪[25]證相，引發八觸[26]具有五種功德支是初禪相。

前述初禪的現象，若於初禪定五功德支中，覺得有感受，名為貪；覺得自己有此能力獲得而輕視別人，是為慢；不知執著禪定的功德也是一種苦及煩惱，名為癡。此三種煩惱都各有九品。已說明初禪的煩惱相，再繼續介紹初禪三假相。

2. 初禪三假相

在色界禪定中，引發八觸而引起欲界的意根，即是因成假；分別的觀照念頭，念念相續不斷，即是相續假；此發的禪心與不發的禪心相比較，即是相待假。

於禪定心產生念頭分別，也要用四句止觀（自生、他生、共生、無因生）善巧修習，方便勝進，若能斷除一品思惑，就名為無礙道；證入無煩惱處，即是解脫道[27]。

從因位到果位的一分惑斷，即是無生，是名為從假入空也。

3. 其他

在初禪的其他八品惑也是如此斷。在色界的二禪、三禪、四禪皆如初禪一般，從發相的功德支生起貪瞋癡慢等煩惱相，各有九品思惑，而且由於念頭的觀照分別也易生起因成假、相續假、相待假的執取相，都須用止觀來破除之。無色界的四無色定其思惑內容也是如是斷之。

（三）思假的境界階位

既然已斷除八十一品思惑，接著闡明破思假入空位。

1. 三藏破思惑位

三藏破思位在《成實論》中說明十六心見道[28]即是初果位，在其他的《阿毗曇論》都言十五心見道，第十六心是修道位。

現在依修道斷惑來說，斷除第一品至第五品思惑，皆稱為斯陀含向；若是斷除第五品思惑，名為家家。斷除第六品思惑，名斯陀含果；超斷至第六品思惑盡，名一往來。斷第七品第八品，名阿那含向；超斷至第八品，名一種子。斷第九品盡，名阿那含果，畢竟不復還來欲界。斷初禪之初品思惑至非想非非想處定之第八品，凡七十一品，都名為阿羅漢向；六種阿那含之階位亦含在其中。第九無礙道斷惑盡、非想非非想處定之第九惑斷盡、證入第九解脫道，皆名阿羅漢果。

今依《大毗婆沙論》及《俱舍論》來說明小乘佛教聲聞修道之階位，其階位稱為四向四果，又作四向四得、四雙八輩。

四向四果即：初果向、初果，二果向、二果，三果向、三果，四果向、四果。

⑴預流：音譯為須陀洹，又稱初果。分為預流向、預流果二種：

①預流向：指入見道時，初見四聖諦之理，得無漏清淨智慧眼之階位。但因此位之聖者尚未證入果位，故不稱果而稱為向，蓋取其趨向於初果之義。

②預流果：又稱初果，指斷盡三界之見惑（八十八使），預入聖道之法流，以第十六心入無漏聖道（聖者）之階位。預流果聖者之輪迴生死最長僅於人界與天界中各往返七度，此即說明十四生之間必證得阿羅漢果，絕無第

八度再受生者，故稱為極七返有、極七返生。

(2)一來：音譯為斯陀含。分為一來向、一來果二種：

①一來向：指已斷除欲界九品修惑中之前六品者，因此位之聖者尚未斷除後三品之思惑，故一度生於天界，再來人間而入般涅槃，故稱為一來。然因此位之聖者尚未證入果位而僅趨向於第二果，故稱為一來向。

②一來果：即第二果，指已斷除欲界九品思惑中之前六品並證入果位者。又於一來向之聖者中，斷除前三品或前四品者稱為家家聖者，簡稱為家家。家家即出一家而至另一家，例如從人間生於天界，又從天界生於人間。

(3)不還：音譯為阿那含，簡稱為那含。分為不還向、不還果二種：

①不還向：指已證得一來果之聖者，將斷除欲界九品思惑中之後三品，而即將證入不還果之階位，以其趨向於第三果，故稱不還向。不還向之中，若斷除欲界九品思惑中之七品或八品，尚餘一品或二品者，須於欲界之天界中受生一次，稱為一間，又作一生、一品惑，即間隔一生而證果的意思，

亦稱一種子或一種。

②不還果：即第三果，指已斷盡欲界九品思惑中之後三品，而不再返至欲界受生之階位。因其不再回至欲界受生，故稱為不還。

(4)阿羅漢：意譯作應供、應、無學。分為阿羅漢向、阿羅漢果二種：

①阿羅漢向：又作無學向，指已證得不還果之聖者入於阿羅漢道，雖尚未證入其果位，但以其趨向於第四果，故稱阿羅漢向。

②阿羅漢果：即第四果，又作極果、無學果。指已斷盡色界、無色界之一切見惑、思惑而永入涅槃，不再有生死流轉之階位。證入阿羅漢果之聖者，超出三界，苦集滅道的四智已經圓融無礙，無法可學，故稱為無學。

如果三界的思惑斷盡，獲得盡智[29]、無生智[30]，名煩惱不生；證八十一分真空，名理不生；真智具足，名智慧不生；不受生死，名果報不生。這是從析空觀斷除思惑的階位內容。

2.通教破思惑位

通教破除思惑煩惱，其修行階位次第如《大品般若經》所說，乾慧地、性地乃至第七地（已辦地）斷除三界的思惑煩惱盡，但斷生死煩惱尚不能斷除煩惱殘留的習氣，與藏教（聲聞）的四果位齊。至第八地的辟支佛地與緣覺的階位相同。第九地的菩薩地是三乘共菩薩階位，第十地名佛地。

通教的第一乾慧地：真諦的理水尚未顯發，乾有其慧，故名乾慧地，即是外凡位，與五停心觀、別相念處、總相念處的三賢階位相同。第二性地：即是四善根位，以總相念處力引發善的有漏五陰，名為煖，增進初、中、後心，得入頂、忍、世第一法，又名內凡位，故言性地。第三八人地：從世第一法轉入無間三昧中，八忍[31]具足，故名八人地。第四見地：斷除三界見惑，八十八使皆斷盡，故名見地。

第五薄地：斷除欲界六品思惑盡，欲界煩惱輕薄，故名薄地。第六離欲地：已去除欲界九品思惑盡，遠離欲界的煩惱，故名離欲地。第七已辦地：斷除色界、無色界七十二品思惑盡，如火燒木成炭，故名已辦地。第八辟支佛地：發真無漏，福慧甚深、功德大故，能侵除習氣，如大火燒木成灰。

第九菩薩地：正使煩惱斷盡更深觀二諦，進斷習氣，得法眼、道種智。遊戲神通，淨佛國土，成就眾生，學佛十力、四無所畏，斷盡習氣，如餘少灰。第十佛地：機緣成熟得一念相應慧與無生四諦相應，斷一切煩惱習氣盡，如大劫燒火，無炭無灰。

此通教佛為三乘行人，轉無生四諦法輪，世緣已盡，示現入滅，正使、煩惱皆斷除，如劫燒水，炭灰俱盡。經云：所謂菩薩正使煩惱、習氣皆斷除，例如：三獸渡河得水深淺，如象得底；辟支佛侵損習氣，如馬次深；聲聞斷除正使，如兔最淺，以此比喻斷惑層次不同。又經云：「諸法實相的第一義諦空，三乘皆得，但未證中道而不名為佛，即是通教也。」

3. 別教破思惑位（論別教與通教之共同階位）

別教斷除見惑部分，有的人說在三地斷除見惑，或四地或六地或七地斷除思惑。現今，正明別教斷惑的內容：

外凡的三賢位是通教的乾慧地，在別教名為十信。內凡的四善根是通教的性地，在別教名為十住、十行、十回向。通教的八人地、見地，是藏教的須陀洹（初果），在別教是初歡喜地。第二離垢地是二果向。第三明地是二果，是通教的薄地。第四焰慧地是三果向、第五難勝地是三果，兩者相等於通教的離欲地。第六現前地是四果向、第七遠行地是四果，兩者相等於通教的已辦地。第八不動地是通教的辟支佛地。第九善慧地是通教的菩薩地。第十法雲地是通教的佛地。如次頁圖：

若以別教來判別三教共通的階位，則初地斷除見惑，二地斷除欲界一品、兩品思惑，三地斷除六品思惑，四地斷除七品、八品思惑，五地斷除九品思惑，六地斷除七十一品思惑，七地斷除七十二品思惑，八地以上侵損習氣、斷除無知等。

別教若破除見惑就進入初住位，在二住與七住間破除思惑，從八住、九住、十住是侵襲習氣，十行是菩薩從空出假之階位（菩薩的階位為十信、十住、十行、十回向、十地、等覺、妙覺）。

4. 圓教破思惑位

若是依圓教破除思惑階位的話，在初信位就能破除見惑，在第二信至第七信是破除思惑，八信至十信是菩薩斷盡習氣之階位。《華嚴經》云：「初發心時，便成正覺。」在初發心時三界內的習氣斷盡，但三界外的習氣未斷。

行人應會疑惑，在四教中，同樣破除見思惑，有何不同？四教同樣破除見思惑，

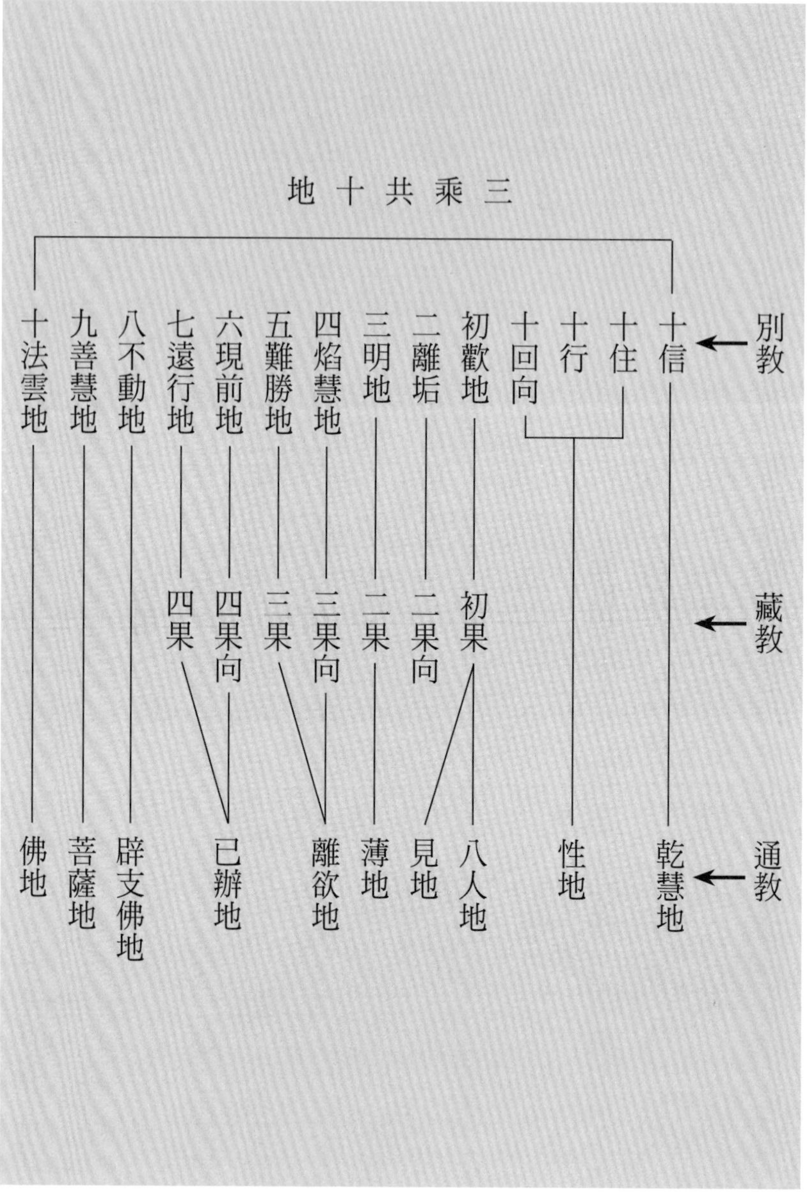
三乘共十地
別教
十信
十住
十行
十回向
初歡地
二離垢
三明地
四焰慧地
五難勝地
六現前地
七遠行地
八不動地
九善慧地
十法雲地
藏教
初果
二果向
二果
三果向
三果
四果向
四果
通教
乾慧地
性地
八人地
見地
薄地
離欲地
已辦地
辟支佛地
菩薩地
佛地

在斷惑名稱上雖然相同，但智慧的應用則是不同的。三藏教與通教，此二乘人破除見思惑，縱然出離世俗諦之外，但不能應用世俗諦而度生，故無菩薩的受生自在。通教的菩薩破除見思惑，出離世俗諦外，仍能應用世俗諦而度生，故能受生自在，若能圓滿教化眾生的因緣就能不再受生而證入無為。別教菩薩破除見思惑能出離世俗諦外，更能應用世俗諦而受生自在，但為顯中道義，故不會安住於空寂中。圓教破除見思惑的同時，即是入空、入假、入中，圓伏無明煩惱。

在從假入空觀的最後，以「有門、空門、亦有亦空、非有非空」四門來說明四教的差異：

1.藏教四門

(1)三藏有門：《阿毗曇》說明我、人、眾生如龜毛兔角是求之不可得的，唯有真理才是真實的。迷此真實存在的現象（法）仍是橫起見思惑，見思煩惱是無常的，念念不住，而真理之真實法也是遷流變化，分分生滅。如此觀者能破單見、複見、具足見等錯誤知見，亦破除三界八十一品的思惑，成就不生三界的智慧果，是名三藏有門破法遍的意義。

佛陀首先於鹿野苑度五比丘，使他們獲得清淨。又舍利弗見馬勝比丘的威儀莊嚴，問其老師是誰？所教何事？馬勝比丘答：「我師佛陀，所教偈頌為『諸法從緣生，是法緣及盡，我師大聖主，是義如是說』。」舍利弗聽聞後證得初果，經七日後證得阿羅漢。佛陀跟前的千二百比丘大多於有門見第一義諦。

(2)三藏空門：若如《成實論》所說，我人是五陰和合而有，雖有色身但如虛幻般不實，非真實存在，若執迷此虛幻，仍然生起見思惑，流轉生死，觀此見思惑皆是因成假、相續假、相待假之虛幻不實，體相皆是不實的，名平等空，修如此觀能破除單見、複見、具足見等諸見亦破除八十一品思惑，斷惑成智，名三藏空門。

如《阿含經》中說，是老死（執著有老死）、誰老死（執無老死）二者俱是邪見。是老死，當知老死是虛妄的，即是法空；誰老死，正確了知沒有真實老死的實在性，即是眾生空。小乘人於我所體悟空，名為法空；於人我上體悟空，名眾生空。又說佛的法身即是空也，如須菩提在石室中，觀諸法因緣生滅皆是無常、無我，諸法空無有真實，是第一個見佛從忉利天還閻浮提的弟子。

(3)三藏亦有亦空門：大迦旃延所造之《昆勒》，龍樹菩薩在《大智度論》卷十八提到：「昆勒有三百二十萬言，佛在世時，大迦旃延之所造。佛滅度後，人壽轉減，憶識力少，不能廣誦，諸得道人撰為三十八萬四千言。若人進入昆勒門，論議則無窮，其中有隨相門、對治門等種種諸門。隨相門者，如佛說偈：『諸惡莫作，諸善奉行，自淨其意，是諸佛教。』」說明世間是假合無有真實法，真理實相也是空無自性，若於此執著其定相，必然生起見思惑。觀此道理亦能破單見、複見等錯誤知見，使八十一品思惑不生，是名三藏亦有亦空門。

故，《大智度論》說：若能獲得般若的方便智，進入昆勒門的論議，就不會墮入有無的執著中。

(4)三藏非有非空門：佛陀臨涅槃前，阿難請問佛陀：「一切經初，安何等字？惡口車匿，云何對治？」佛答：「一切經初，皆安『如是我聞』。惡人應默擯之。」若是車匿能調柔其心，應當為他說《那陀迦旃延經》，離有、離無，乃可得道。此離有離無觀能破單見、複見等諸見八十一品思惑，從假入空，證入無生，是名三藏非有非空門。

2.通教四門

(1)通教有門：若說明一切世間、出世間的假、實都是從無明分別中所生起的，無明本來就如夢幻般的不實，所生的一切現象也是如幻如化。如幻雖然如夢幻般不實而有如幻破除假相之觀照，雖如虛空而如從虛空中生，故說「諸法不生而般若生」（對現象諸法不生一念造作之心就能生起真正的般若智慧），如是觀慧能破除各種見惑、思惑，成就智慧，是名有門觀。

(2)通教空門：若說明世間假合的各種現象，其體性是如幻化般的不實，乃至解脫的涅槃境界也是如幻如化般的不實。世間不斷變化現象的幻化是容易了解的空，但清淨的涅槃是很難了解它是空性的，因為涅槃也是從因緣而生，是無自性的，能觀的我、所觀的境，其性皆是空寂的，如此的空慧能體悟見思惑的不實，了解虛妄中的無自性即是與真理空慧相應，斷除煩惱、成就智慧，是名空門觀。

⑶通教亦有亦空門：若說明一切法如鏡中像一樣，看見了彷彿沒看見，雖然有鏡中的見，但虛幻不實的鏡中像也彷彿是不可見，雖無實體但有其相，雖有其相但無實體。如是觀照的話，能破除世間諸法的見思惑，斷除煩惱、成就智慧，是名亦有亦空門。

⑷通教非有非空門：既然說明世間是幻化的，豈能有與無的分別，有不是真正的有，無也不是真正的無。如此觀者，能破除世間諸法的見思惑，斷除煩惱、成就智慧，是名非有非空門。

三藏教行人是從實有的色質中，以分析的角度斷除有無二見，令諸法皆空，如破除真實的柱子一般。而通教行人是從虛妄不實的角度來觀見諸法，即以體空觀來斷除有無二見，如見到鏡中柱子知其體性非真實，故說是非有非無，雖然尚未入中道，但以體法觀來論破諸法。故《大智度論》云：「般若波羅蜜，譬如大火焰，四邊不可取。」此偈即是含「有、無、亦有亦無、非有非無」之四門意，即是說般若波羅蜜如同大火焰能燒毀此四門之見。

3.別教四門

別教是菩薩所修學的法門，是從教、理、智、斷、行、位、因、果八法上來修，有別於藏通二教，在修持方法上是次第修、次第證，又不同於圓教，所以叫做別教。別教所攝受的是具有大乘根性的眾生，聽到大乘微妙法門，即能生起清淨的信心而受持發菩提心，上求佛道下化眾生。《涅槃經》云：「聽聞大涅槃義，具足無上道，是眾生之正行，發心出家，持戒修定，觀四諦慧，獲得二十五種三昧。」在事相上的修持內容如修戒定慧等，則與三藏教相同，但以大涅槃的心境引導諸法行持，這是不同於藏通二教的，在漸修菩薩的五行[32]上又不同於圓教，故稱為別教。

(1)別教有門：菩薩觀幻化的見思惑中，於外在虛妄色斷盡時，另存殊妙之色，名為佛性。《大品般若經》說：不管內外一切皆是空者，即是外道。而能於中解脫者，即是不空，也就是真善妙色，此真善妙色即是如來藏。又，稱我者，即是如來藏，如來藏者，即是佛性。《如來藏經》說：幣帛中，裹著真金，土模裡含有內像。如經中所言的十種譬喻[33]即是有門。

《如來藏經》中佛為金剛藏菩薩解說如來藏的意義，用十種譬喻說明。如經上說：「我以佛眼觀一切眾生，貪欲恚癡諸煩惱中，有如來智、如來眼、如來身，結跏趺坐儼然不動。善男子！一切眾生雖在諸趣，煩惱身中有如來藏，常無染汙、德相備足，如我無異。又善男子！譬如天眼之人觀未敷花，見諸花內有如來身結跏趺坐，除去萎花便得顯現。」「復次善男子！譬如淳蜜在巖樹中，無數群蜂圍繞守護。時有一人巧智方便，先除彼蜂乃取其蜜，隨意食用惠及遠近。如是善男子！一切眾生有如來藏，如彼淳蜜在于巖樹，為諸煩惱之所覆蔽，亦如彼蜜群蜂守護。」其他譬喻也是如此。

(2)別教空門：所謂空門，是站在無自性的立場來看待世間法與出世間法。於《涅槃經》上說：迦毗城空（成住壞空故），如來藏空（緣生緣滅故），大涅槃空（緣生緣滅故）。又說：令諸眾生都能獲得無色（清淨無染故）大般涅槃。涅槃由因緣生，故非真的有，因隨順世俗故名涅槃有。涅槃實相非世間所見色、非世間所聽音聲，所以怎麼可以說看不見、聽不見就是空門？

(3)別教亦有亦空門：所謂亦有亦空門，有智慧的人能見空與不空。若說是空，則沒有真正常樂我淨的存在；若說不空，又有誰真正感受到常樂我淨四德？

如水、酒、酪瓶等，遇緣就會生起變化，故不可說空及不空，是名亦有亦空門。

(4)別教非有非空門：所謂非有非空門，絕四句、離百非，言語道斷，不能用言語來表示。如維摩居士的不二法門，一默一聲雷。《涅槃經》也說非常、非斷，是名中道，即是此門也。

如此四門，若能了解其意就能通達實相，若無法領略其中意涵，只能調伏煩惱，算是進入智慧門的方便次第而已，《涅槃經》稱此為菩薩聖行[34]，《大品般若經》名為不共般若[35]。

4. 圓教四門

圓教四門的教義是殊勝之妙空理、簡別捨妄取真之頓說，與之前所說不同，在四門中皆圓融無礙，能於初心中同時證得果德。

(1)圓教有門：若觀見惑、思惑皆是假名而有，不見其真實相，當下即是法界，具足一切佛法。又諸法即是法性因緣所生，無自性故，乃至第一義亦是因緣無自性生。如《涅槃經》說：「因為滅除無明，即得熾燃三菩提燈，是名有門。」

(2)圓教空門：所謂空門，觀照幻化的見思惑及一切法不在因、不在緣、不在我、不在涅槃，此二者皆空，唯有執著空的空病，而空病本身也是因空而生，所以空病也是空。此即三諦皆空也（三諦即空諦、假諦、中道諦）。

(3)圓教亦有亦空門：云何亦有亦空門？幻化的見思惑雖然沒有真實，但分別其存在的假名則不可說盡，眾生煩惱無邊故，如一微塵中有大千經卷。於第一義而不動，善能分別諸法相，亦如大地是一，能生種種芽。世間在無固定名相中，假名相來說，乃至佛也是有名字，是為亦有亦空門。（佛是由眾生修行斷惑，歷經累劫修行成就菩提，方稱為佛。）

(4)圓教非有非空門：云何非有非空門？觀幻化的見思惑即是法性。法性是不可思議的，不是世間有為法的範疇，故非真的有；又非離開出世間的無為法中，故非真的無。所謂「一色一香，無非中道」，若能體悟世間一法是中道，就能依所見諸法皆是中道實相。毗盧遮那（法性身）遍一切處，豈能用有無來論？是名非有非無門。（毗盧遮那佛的法性身是由證悟所得，其本性是空，但又具足無量功德之智慧身，故非有又非無。）

從另一角度來說，觀因緣所生法，一切皆是無自性空，是初門；若以此見解觀一切法，皆是初門。以初門即是空義來觀察任何一法是空，所見一切也皆是空，即是第二門。此初門即是假合而有，能認知一假就能普觀一切假，這是第三門。此初門中蘊含三諦，即是中道，能體悟一法是中道，普觀一切即是中道，即是第四門。初門既是三門，三門即是一門。但舉一門為名，雖有四名，理無隔別。

豎破無生門——破無（從空入假）

接著是從空入假破法遍的內容，分成四個部分說明：（一）入假觀的意義；（二）入假觀的因緣；（三）入假觀的方法；（四）入假觀的階位。

（一）入假觀的意義

從空入假觀，主要以利他為主，此乃菩薩自行化他之行持，是不同於二乘的。因為二乘人以智慧斷除煩惱，證入真如，但沒有慈悲心，所以不名為菩薩。菩薩從假入空，不同於凡夫；從空入假，破他之執著，不同於二乘。菩薩處於世間而不被煩惱所染，以法眼識藥方，以慈悲度眾生病，博愛無限且度人不厭倦，心用自在。

菩薩的善巧方便如空中種樹，知病識藥。因為菩薩證空而不住空，能於空中分別藥病，雖知不實在而常運用。又如仰箭射虛空，箭箭相拄不令墮地。因為菩薩以般若箭射三空門，後以方便箭射般若箭，不令墮於涅槃之地。大悲心深厚，為利眾生，此即是從空入假之本意。

（二）入假觀的因緣

菩薩入假觀的因緣有五項：1.慈悲心重；2.憶本誓願；3.智慧猛利；4.善巧方便，5.大精進力。

1.慈悲心重

菩薩破除世間假合之相之執著時，看見眾生顛倒妄想，被煩惱所縛，不能出離，菩薩生起大慈悲心，視眾生如己身，今既已斷惑入空，更應救濟眾生於苦海，故發大悲心。

2.憶本誓願

菩薩行菩薩道時，本來就是為了救度眾生而發宏願，讓眾生能拔苦與樂獲得安穩，今眾生苦惱眾多，皆未能得度，豈能自己脫苦而忘記原本之誓願？故，再入假合之世間廣度眾生。

3.智慧猛利

菩薩知道入空時，易入涅槃而棄置眾生之過。因為，若住於空中，則無法廣修福德、淨佛國土、教化眾生、具足佛法，既已知道入空的過失，就應進入假合世間成辦度化眾生之佛事，此乃菩薩猛利的緣故。

4.善巧方便

菩薩進入世間，雖有生死煩惱，但不會損其智慧，雖有種種磨難，皆是菩薩助道資糧。

5.大精進力

雖然佛道長遠，但不以此而退轉，雖眾生眾多而意念勇猛度化，心志堅定不搖，精進辨道。

（三）入假觀的方法

菩薩入假觀可從知病、識藥、授藥三方面說明：

1. 知病

知病者，知道見思惑的生死病，知見是根本關鍵，即知道生起知見的因緣、知道生起知見的遠近因緣以及知道見惑的重數。

什麼是知見的根本？我見是各種知見的根本，一念的煩惱是我見的根本。因為煩惱亂心，就會生起無量的煩惱知見，為此知見就會造眾多煩惱業而墮墜三途輪迴不已。

如何知道知見生起的因緣？因為因緣不同，所以生起的知見也不同。而因緣與眾生所居住的國土環境好壞、形貌的美醜、根性的善惡有關。

如何知道知見的遠近？指煩惱的知見有的是這世生起的，有的是累積好幾世的種子，今生遇緣而生起的。

什麼是見惑的重數？一個錯誤知見可以分成因成假、相續假、相待假，從三假中演繹出有、無、非有、非無四句，共十二句。又從四句出世界悉檀、對治悉檀、為人悉檀、第一義悉檀等四悉檀，十二句就合成四十八悉檀。又每一悉檀可以用性空、相空來闡釋，合起來共九十六種性相空。一一句都各有止觀，合一百九十二句止觀，再加上根本知見（一百五十六句）就有三百四十八句。

此是依信行人而言，法行人也是如此，信行人轉為法行人或法行人轉為信行人也是如此，四種情況合起來就有一千三百九十二句，有的知見如此，無、非有、非無見也是如此！再演化下去就有無量知見數了。

菩薩知道眾生於苦集上病相無量並以善巧分別其深淺輕重，菩薩於證入空理之前遍觀見思惑，總知眾生之病相，作為出假度化之方便，再用一門斷惑入空，此時再出假度化眾生，分別見惑，以慧力觀照就容易了，也因為薄修止觀，則法眼通明。

故，菩薩以慈悲本願、善巧方便，行大精進力，識知見病，以觀達見的煩惱法而發道種智，此乃菩薩觀成破法遍之內容。已明菩薩知道見惑煩惱病的根本原因、因緣、久近、重數，思惑的內容也是如此，不在此贅述。

2. 識藥

因為眾生的病相有無量的種類，所以用藥的種類也是無量，簡略的分為三種：(1)世間法藥；(2)出世間法藥；(3)出世間上上法藥。就如《大品般若經》說有三種法布施：三皈、五戒、十善道、四禪無量心等為世間法施，以及出世間法施、出世間上上法施。

(1)世間法藥：《大智度論》說：如何使用世間的法施？譬如王子從高處墜下來，父王心疼其受傷，積聚一些繒綿鋪在地上，使王子免除苦痛。眾生也是如此，應墮入三惡趣，聖人愍念眾生，以世間的善法方便接引，免其墮入惡道。

若深入了解世間法即是佛法，就能知道一切的世間法無一不是能令眾生出離世間煩惱的。佛陀出世制定五戒為世出世間法，世間即是出世間，現在引五常、五行及十善法即是五戒來作說明。

五常是仁、義、禮、智、信，五戒是不殺生、不偷盜、不邪淫、不妄語、不飲酒。若能仁慈待一切有情，不傷害他，即是不殺生戒。待人以義相待，盡己力助人，即是不偷盜戒。遵守倫理規矩，結髮成親，即是不邪淫戒。做人處事誠實不欺，即是不妄語戒。以智慧明利明辨是非曲直，即是不飲酒戒。周公、孔子立此五常，這是為世間法藥，可以救治世間人的病。

又，五行相似於五戒，五行是金、木、水、火、土。不殺防木，不盜防金，不淫防水，不妄語防土，不飲酒防火。因為，木主東方，東方主肝，肝主眼，眼主春，春主生，生存則木安，故說不殺以防木。金主西方，西方主肺，肺主鼻，鼻主秋，秋主收，收藏則金安，故說不盜以防金。水主北方，北方主腎，腎主耳，耳主冬，淫盛則水增，故不淫以禁水。土主中央，中央主脾，脾主身，土生四季，故《提謂經》說：不妄語如四時，身遍四根，妄語亦爾，遍於諸根違心說故。火主南方，南方主心，心主舌，舌主夏，酒亂增火，故不飲酒以防火。以上是五行與五戒的比較。

智顗大師在止觀中強調世法即是佛法，是肯定現實世界的合法性，智顗大師以佛教倫理的五戒與世俗社會的五常、五行倫理一體化。

五經相似五戒，《禮》說明撙節，此防飲酒；《樂》能和心，可以防淫；《詩》諷刺，以防殺生；《尚書》明義讓，以防偷盜；《易》測陰陽，以防妄語。如是等世間智慧之法，精通其極，無能逾，無能勝。如左圖：

從空出假要度眾生的菩薩，想要知道修止的方法，應當另外於通明觀（身、心、息三者皆通的觀法）中勤加修習並發大悲誓願精進不懈，承諸佛威德加持，豁然開解，於世間法藥通達無礙。

五戒	五常	五行	五方	五臟	
不殺生	仁	木	東方	肝	《詩》
不偷盜	義	金	西方	肺	《書》
不邪淫	禮	水	北方	腎	《樂》
不妄語	信	土	中央	脾	《易》
不飲酒	智	火	南方	心	《禮》

(2)出世間法藥：出世間的法藥很多，舉凡佛法的內容都是佛陀教導我們能去除煩惱得解脫的法門。如《大般若經》說：「或說信心為道，或說樂欲，或說不放逸，或說精進，或說身念處，或說正定，或說修無常，或說寂靜處，或說為他人說法，或說持戒，或說親近處，或說修慈悲等。」

又在諸經中，有以一法為藥、有以二法為藥、有以三法為藥、有以四法為藥、有以五法為藥、有以六法為藥、有以七法為藥、有以八法為藥……。如一法為藥，即是一行三昧，佛陀說若能於一切法不受，即成羅漢。定慧均等即是二法為藥，戒定慧三學即是三法藥，四念處即是四法藥，五根、五力即是五法藥，六念、六度即是六法藥，七覺支、八聖道、九想、十智等，以增數為藥，乃至八萬四千法門也是如此！

世間諸法有種種名、種種相以對治種種病，出假的菩薩皆必須認識清楚，為眾生故，集眾法藥，以廣利益眾生。

(3)出世間上上法藥：以十法來作說明，從止觀角度：

一法為藥者：指具足一實相諦無明，若心與無明法性相契合就會有一切病相，若能觀此法性，尚無真正法性的存在，何況無明及一切法？

二法為藥者：即是止觀，止息虛妄，體達心性。

三法為藥者：即是止觀及隨道戒[36]，任運防護，或是三三昧，任運自在。從世間假合之相了知其因緣無自性空，名空三昧；若能不見無自性的空相，名無相三昧；滅除一切生死的業惑，名無作三昧。

四法為藥者：即是四念處。各種知見皆依色而生起，但此色是假合而有，非淨非不淨，有淨與不淨是凡夫的執著分別。因為有受才會產生苦樂，生起見思惑，但受也是因緣所生，非苦非樂。各種知見、想法、行為皆因我法而生起，但我也是五蘊假合而有，是非我、非無我的。見思煩惱皆因心而起，而心念也因根塵識而有，是非常、非無常。

五法為藥者：即是指五根。修習止觀時，沒有疑惑，即是信根。心常念止觀，不念其他，即是念根。於止觀法門精進不懈，即是精進根。一心在定，即是定根。體會四句，有、無、非有、非無皆無自性，名慧根。若五根增長，是名五力。

六法為藥者：指六念處。以止觀覺見思惑即是佛法界，名念佛。常憶念、不離止觀，名念法。止觀理合，是無為的清淨相，名念僧。止觀具有隨道戒，名念戒。止觀即是第一義，名念天。修止觀捨離見思惑，名念捨。

七法為藥者：即是七覺支。七者：一為念覺支，心中明白，常念於禪定與智慧。二為擇法覺支，依智慧能選擇真法，捨棄虛偽法。三為精進覺支，精勵於正法而不懈。四為喜覺支，得正法而喜悅。五為輕安覺支，又作猗覺支，指身心輕快安穩。六為定覺支，入禪定而心不散亂。七為捨覺支，心無偏頗，不執著而保持平衡。

八法為藥者：即是八正道。以有、無、亦有亦無、非有非無等四句破除一切虛假，名正見。引發正見，名正思惟。依此修行，名正業。說此止觀，名正語。不以非法所得之物質來滋養色身，名正命。不離不忘止觀，名正念。修止除妄念，名正定。於止觀念念沒有間斷，是名正精進。

九法為藥者：即九想觀，對人屍體之醜惡形相作九種觀想，可斷除我人對肉體之執著與情執。九想為青瘀想、膿爛想、蟲啖想、膨脹想、血塗想、壞爛想、敗壞想、燒想、骨想。

十法為藥者：即十智。斷除見思惑兩假是苦智、集智。止觀本身是道智。三界二十五有不生，名滅智。知三界皆是假合、無自性空，名比智。以世間名字來說止觀，名世智。能善知其他眾生，名他心智。知道諸法的差別相，名等智。知世間苦、煩惱滅除，名盡智。無漏的智慧，名無生智。從空出假的菩薩能善知如是無量的法藥，方能為眾生治病。

3.授藥

既然已經知道苦集的各種病相及滅道的法藥，接著是菩薩要隨根機授與法藥，有十種因緣來成就眾生。根性不同，病狀也有差異，隨其病狀授予的藥也不同，可分為下、中、上、上上四種。

下根者有四種特點：(1)志求佛道心狹小粗劣；(2)實踐力微弱；(3)五濁業障深重；(4)智慧極為遲鈍。對治之道為：只樂小法者，為他說小乘的生滅法；實踐力微弱的人，修學事六度；以精進勤勞來對治五濁業障；以斷除邪淫、瞋怒、愚癡來獲取智慧得解脫。這是授予對治下根者病狀之法藥。

中根者的特點是：心志小強，行力小勝，宜生理善，五濁障礙輕，智慧小利。為了符合中根的需求，為他說因緣即空的道理，讓他聽聞後能生出世間善，破除惡因見第一義。

上根的人善根深厚，求取佛法的歡喜欲望廣泛，五濁惡世的煩惱已斷除，智慧又廣，所以授予無量四諦[37]生起外善，次第斷五住地煩惱[38]得入中道。

上上根者樂求佛道的欲望與智慧是無人可比擬的，故說是上上。為上上根性的人直說真理實相，不管是善或障礙皆從無自性空中生、無自性空中滅，進入究竟的中道。

菩薩從假入空觀尚無一法可得，何況有世間諸法？今授予十六道滅[39]治十六苦集，正是菩薩從空入假觀的度化。隨眾生根性授予法藥，如一雲所雨而諸草木各得生長一般。

（四）入假觀的階位

從空入假觀的階位，從依教判位和說明利益來論述：

1. 依教判位

判別菩薩的階位，分藏教位、通教位、別教位與圓教位。

根、上根，來說明階位的不同。

(1)藏教菩薩位

下根的藏教菩薩初修空觀狼，調伏煩惱羊，但未斷煩惱結使，若斷煩惱結使，仍然未具六度功德身之肥，是初阿僧祇劫位。到第二阿僧祇劫，煩惱的脂肪消除，轉為有肥沃之功德身。第三阿僧祇劫，正入假觀階位，利益眾生。

中根的藏教菩薩在第二阿僧祇劫進入假觀調伏煩惱，具六度功德身即能利益眾生，不必等到第三阿僧祇劫。

上根的藏教菩薩初發心時，為度一切眾生誓願求作佛，因聽聞他說，心已明白了解，深識真理，為度眾生故，不求斷惑、不證入果位，於初發心時即能進入假觀，不必等到第二阿僧祇劫。

(2)通教菩薩位

下根的通教菩薩斷煩惱惑盡，能入假觀。佛陀於法華會上破除其求涅槃、求滅度的心，勸他們發無上道心，生起方便慧以度眾生。

中根的通教菩薩斷除見惑盡以後，已減少生死結，思惑任運自在的斷除。於第二地名菩薩神通，從此以後即入假觀位。

上根的通教菩薩初發心聽聞佛慧即能體悟通達，使見思惑斷除。此時已能作眾生之依止，何須到第七地方才出假觀？

(3)別教菩薩位

下根的別教菩薩在十住心之後，於十行之階位修假觀方便。進入理般若，名為住，安住而生功德，名為行。

中根的別教菩薩在十住初心即能進入假觀，已得無漏，只要一個住受即能受用，無須至十行位才起大慈。又，別教的初心於法不迷，通達了解一切功德，猶如幻化。

上根的別教菩薩善知語言文字義而修方便，具五因緣[40]以利益眾生。

(4)圓教菩薩位

下根的圓教菩薩到達六根清淨[41]時，即能遍見、聽聞十法界之事。若是進入空觀而所見皆是空無一物，此為六根互用，即是進入假觀階位。

中根的圓教菩薩於五品弟子位[42]時，正行六度，廣為說法，即是入假之位。

上根的圓教菩薩於初發心時（五品位之初），能知如來的清淨祕密藏（本具佛性），故圓觀三諦[43]進入中道。今既能入中道，何況是入假？《大品般若經》云：初坐道場，便成等正覺，轉法輪度眾生。

以上，藏通別圓四教都有三項階位，若以其定義來說，應取下根行人來說明階位，因為依教故及決不退轉，而進入假觀的菩薩位的中根、上根行人都有進退的現象，所以不論其階位。

既有三根行人出假觀的階位，也應列三根行人入空觀。入空觀分情入、似入、真入三種。情入者在五停心觀、四念處的階位，此為外凡位。似入者在煖、頂、忍、世第一法的四善根位，此為內凡位。真入者在見道位以上（大乘以初地為見道位），乃入聖人位也。

通教與別教的上根行人都能從空出假，而通教的行人能入假觀，但不能入中道觀；別教行人以次第三觀的方式進入中道觀，不能於一心中入；而圓教行人於一心中入中道觀，故與通教行人、別教行人不同。

2. 說明利益

菩薩為了度化眾生故修空觀，非為入空而修空；為眾生故，因不執著空故不住空。因此菩薩能從真空中應現度化，以法眼來鑑機。所以，眾生應以佛身得度者，菩薩即作佛身而為說法授藥；應以菩薩、二乘、天龍、八部等形得度者，即現菩薩、二乘、天龍、八部等形而為說法。菩薩以此成就眾生、淨佛國土，是名假觀菩薩的功德利益。

藏教的菩薩雖然出假廣度眾生，但只是有漏神通，不是真的應化度眾；雖對世間智慧有所分別，只是慧眼而非法眼；雖利益眾生，但非真正成就；雖作佛事，非真正淨佛國土；因為是少分教化，故其功德利益也是有限的。

通教的菩薩雖然進入假觀能分別藥方與病狀，但還是依二諦而修。其診斷病狀不能深入，所認識之藥方也不廣；雖作意神通度眾，但非真正應化度眾。如釋迦牟尼，在過去生中經無量阿僧祇劫方得法身，於六道中與眾生結緣，方於王城出家、成道，以漸頓方式度人乃至入無餘涅槃，非淨佛國土。

別教的十行位擁有入假觀的功德利益，其意義等同通教。若是登地時，獲得如來一身無量身，湛然應化一切，此時能知道病狀及病源也能深識藥方應病予藥，是真得道種智、最勝的法眼，故能隨機應化普周一切。

圓教行人於初住時進入假觀就能獲得真實利益，乃至後心[44]時也是如此。若能善知此意，其變化之相就能分辨真偽。如魔也能以有漏神通變化成佛相、《老子西升經》[45]也說是化成佛陀來度化。諸外道等以世智辯聰及五神通無所不作，如是邪通變化無量無邊。故知從法身地，垂應十法界，度脫眾生，如此入假觀位才是真功德利益。

從空出假觀的破法遍在未發真諦前，隨所計著，百千萬種都叫做見，見思惑即是無明，無明性即是法性，見思惑破除即是無明惑破，無明破即見法性，入實相空，方名為破法遍，乃至雙照二諦方名為破法遍。

豎破無生門——雙非二邊（中道正觀）

前面繁複說明從假入空觀、從空入假觀的破法遍是為了引入中道觀破除見思惑外，進一步破除無明惑，悟見法性、入實相空才是破法遍的真實意，又，為分別一病的種種因緣，一句的教義解無量教義，明十方諸佛所說。

中道觀的破法遍分：（一）修中道觀的意義；（二）修中道觀的因緣；（三）正修中道觀；（四）中道觀的階位與利益。

（一）修中道觀的意義

之前，從假入空觀是重視自我行持，從空入假觀是化他的問題說明，此中道觀是綜合自行與利他二行。在四教的修證論中，三藏教的菩薩偏用世間智慧來觀照世俗現象，故二乘的聲聞緣覺偏用以分析的方法了解世間的假合相而入真諦。

佛陀的二諦實相是具足的，只是不同於聲聞弟子，雖假說有空、假、中三觀，目的是為了遠離有無的偏執，實際上三觀的內容即是二諦意。

通教的菩薩偏用體悟法的無常、無我而進入真諦，菩薩慈悲為度化眾生而入假合的世間，但唯有佛陀的智慧是遍照一切。同樣，假設有此三觀，實際上是不出二諦的內容真意，不管俗諦、真諦皆是如幻如化，不生不滅，是名中道。鈍根的通教菩薩只能通達通教境，只有利根的通教菩薩能與別教的教義相通，行別教的中道義。

別教與圓教都知道三諦義，二諦非真修。又，別教的二諦觀是方便，作為中道觀用，中道觀前修二諦是必要的。若以二諦來說，中道為真諦、有無為俗諦。觀照此二諦，是名中道；能俗諦、真諦應用不偏，是名雙照。別教雖有二諦、三諦之名，但其道理是相融攝的，如眼盲的人必須先除障礙方能見物。

同理，以慧眼取相入空，次破無知，以法眼見假，進修中道，破一分無明，開一分佛眼，能見一分中道，方是真因，因緣果滿，乃名為佛。

圓教初知中道義，一樣要破除見思惑、塵沙惑，但與前面三教有所不同。別教破除見思惑、塵沙惑之後，須要歷三十心（十信、十住、十行）、阿僧祇劫後，才開始破除無明惑，但圓教只此一生即能破除見思惑、塵沙惑進入中道位。如南嶽慧思說：希望能進入銅輪位（十住），但因領眾太早，只達清淨六根（圓教的內凡位）。

（二）修中道觀的因緣

略為五項：1.無緣緣慈；2.滿弘誓願；3.求佛智慧；4.學大方便；5.修大精進。

1.無緣緣慈

即是如來的慈悲，具足眾生緣慈、法緣慈、無緣緣慈，方名無緣。眾生緣慈，乃緣一切眾生如父母親想。法緣慈，見一切法皆是緣生。無緣緣慈，不住法相及眾生相。

中道觀的慈悲與實相同體，不取眾生貌，故無愛見煩惱；不取涅槃相，故非如聲聞的空寂。因不是空寂也非法緣緣慈，不是愛見著也非眾生緣，無此兩邊相，故名無緣。

《涅槃經》云：「緣如來者，名曰無緣，普覆法界，拔除苦本，與究竟樂。」只有如來的慈悲能夠具足一切佛法，十力無畏等如來法藏，又說：「慈悲含有、無、非有、非無。如是之慈悲乃是諸佛如來的境界，當知慈也具有三諦。」

今欲破無明惑就必須吸取無量佛法以度無量眾生，欲修此慈悲，非中道觀是不能成就的。

2.滿弘誓願

菩薩初發心時，發起如虛空般的四弘誓願。在空觀、假觀，知道諸苦而斷除煩惱，所斷煩惱猶如枝葉，所未知、未斷的無明如樹根一般。空假兩觀修八聖道、證入寂滅，猶如燈般的火炬，但諸惑幽暗，此力是不能去除的。

故雖修兩觀，未能圓滿度化眾生的誓願。菩薩知一切苦，斷法界般的煩惱，修無上道，證究竟滅，但為圓滿本願，故須進修第三觀。

3.求佛智慧

即是追求如來一切種智的智慧。之前空觀獲得一切智，假觀獲得道種智，欲得如來實相智慧，非進修中道觀不成。

4.學大方便

即是如來不假意念的大智慧方便，安住於首楞嚴大定的種種示現。如來不可思議的方便力示諸眾生，如空中風[46]劫燒負草，令無燒害[47]，此為難事，故須方便善巧。

第四學大方便中，菩薩具有善巧的大方便力方能度化眾生。如彌勒菩薩先為宿發圓菩提心的天子說不退轉行，維摩就彈劾說：「菩提是從真如生的？」不可生此見解，因為遍一切法無非皆是菩提，寂滅是菩提、不二是菩提、一切眾生是菩提，天子聞此言即悟入無生法忍。

彌勒菩薩是用權（方便）以隱實（真實），而維摩大士是用實以隱權。所以，彌勒說不退轉行，如槌扣淨名（維摩）之砧；淨名呵彌勒是一生補處，如槌扣彌勒之砧。兩位菩薩互相槌扣，令難領悟的人能領悟而入難解之悟法。若沒有這種方便，如何能自利利他？又，如來出於世間以種種方便譬喻言辭，引導眾生遠離各種執著，然後再為眾生開佛知見，顯示一佛乘。

5. 修大精進

想做大事就必須有大用功力。如薩埵王子能捨身飼虎不惜身命，何況財物？以此為因成就無上道，雖得佛果精進不休，何況是尚未成就佛道者，更須精進不懈！

（三）正修中道觀

此觀正破無明，顯發實相。凡夫無法認知欲界的無明乃至菩薩的一切智、道種智及具四眼的智慧（肉眼、天眼、慧眼、法眼），這些智慧豈是肉眼所能見、思慮所能知？而且菩薩修空觀、假觀，不妨礙修中道觀的，菩薩所得的一切智與道種智也不會妨礙修中道觀破除無明惑。

菩薩修空觀時，但觀五陰、十二入、十八界心及因成假、相續假、相待假[48]的煩惱惑，巧修止觀，證得無漏，名為見真（諦）。但觀空智能不落於空，於一心中點示萬行，即發法眼，遍知藥病，故名假觀。今觀無明也是如此！觀空觀、假觀的智慧破除煩惱，名之為智，今從中道觀的角度來說，執著此二智亦是煩惱惑，即成智障。此智障即是無明。

菩薩正修中觀時，觀此空觀與假觀的智慧是無明（不執取故），觀此無明分為三番：觀無明、觀法性、觀真緣。

1. 觀無明

即是空觀、假觀的智慧與心相應。以法性為因、以空觀與假觀的智慧為緣與心相應，名所生法。

所生法即是無明，以此無明作為修中道觀之觀境並以四不生來驗證。正修中觀時，觀此二智是從法性中生還是從無明中生？或法性與無明和合而生還是離開法性與無明而生？

若從法性中生，法性是無生，如何能生二智？若從無明中生，無明是不真實的，也與中道不相關。若是兩者和合而生，則犯前面的二種過失。若是離開法性與無明，則無因緣而生。故《中論》說諸法不自生，此四者是從因成假的角度破除執著。修中道觀時，泯然清淨，心無所依亦不住不著，不覺不知，能觀、所觀猶如虛空不可說示。雖然尚未引發真諦，但於四句中是絕對不會生起執著的。

又，修中道觀時，觀破空觀與假觀的執著障礙，名觀穿觀。將心安住在此中道理上，名觀達觀。此中道理不可思議（不觀而觀），名第一義空。此二乘之空，名為智慧；此法性非智非不智，是為中道觀之三義也（不觀觀）。

復次，中道觀能體達空觀與假觀的智慧，是無自生性、無他生性、無共生性、無因生性，畢竟不可得。

今逢心本源，無明寂靜，名止息止；安心此理，名停止止。常住之理，非止、非不止，對無常動，故言為止。即是非止、非不止，是名中止，中道觀具有此三種意義也[49]。

2. 觀法性

(1) 約法性破無明者：既然無明即是法性，就是正智了，如何破除？觀無明不是自生、他生、共生、無因生等了不可得，只是觀解而已，未發真正的智慧，若執著這種相似的見解就是法愛，故須要破除，故說：「如此計著，非是悟心，但發觀解而已。」此時，應當轉移觀照法性，是無明心滅時法性才生，或是無明不滅的當下法性心生？或是無明亦滅亦不滅而法性心生，還是無明非滅非不滅而法性心生？當知此四句是不可得的，如此修學，雖然尚未獲得證悟，但決定修此中道觀智必能破除無明。

(2) 約真、緣破無明者：這是從真修、緣修的相待假角度破除無明。依外在因緣力成就修得智破除無明，謂之緣修。靠自己修得的智慧破除無明，稱之真修。真修是真諦，緣修是俗諦，兩者就形成亦真、亦俗、非真、非俗之四句辯證。

換句話說，靠他力的緣修是他生的智慧，靠自力的真修是自生的智慧，真修與緣修和合是共生的智慧，離開緣修與真修是無因生的智慧，此四者均不能成立智慧而破除無明，智慧不能生，相對待的無明也無法生起。

故，智慧與無明的生起是真修生還是緣修生？是真緣和合而修生或是離真修、緣修生？若是緣修生，緣是無常的，如何生？若是真修生，真修是證，證不能稱為修。

此四句求智是不可得，故觀此四生也不可得，若能契入此中道之理就能了知中道實相非真、非緣、非共、非離，一切不可說示不可得也。

無所得的得，是得無所得，此是入空意。無所得即是得，是入假意。得、無所得皆可得，雙照得與無得即是中意，以上是菩薩從自己修行的角度論修中道觀。

3. 觀真緣

以下說明菩薩化他的真修與緣修，修中道觀。

菩薩利益眾生時，有時是偏論一門。如世親菩薩的《十地經論》中，說明阿賴耶識是世俗諦外，別有真如，這是唯識系的基本主張。《中論》是闡述畢竟空，畢竟空是此論的正要，其他是助道，此乃龍樹菩薩的中觀系思想，但菩薩度化眾生皆不離這四門的意涵，方法雖然不同，但契入之真理是相同的，若用此四門（自生、他生、共生、無因生）修止觀，隨各人的歡喜、適宜，或是對治或是契入（以上四項為四悉檀），一門即可通達觀理，觀法雖然不同，所獲得之真理是沒有差別的。

再就無明、法性簡單分析：無明即是法性，法性即是無明，無明破除時，法性破不？法性顯現時，無明顯發嗎？此二法但有假名沒有實體，雖然俱有假名，但不可能同時並存的。兩者是相待的假名，對無明稱法性，對法性稱無明。法性顯發時，無明就變為明了；無明破除時，則無無明，對誰復說法性？

既然說無明即法性，就不會再有無明了，那誰來相即？無明如冰，法性如水。迷冰的人，指水為冰；迷水的人，指冰為水。若迷法性，即指無明；如迷無明，即指法性。所以世間的人非但不認識即無明之法性，也不認識即法性之無明，此二法但有假名更互相即也。

前面從假入空、從空入假之止觀是修中道觀的雙遮方便與雙照方便，因此止觀的遮照能入中道。菩薩修此雙遮、雙照，進入初地時，名中道位，此中道位有三處：通教八地、別教初地、圓教初住，此是論通教、別教與圓教被接的問題。

尚未說明階位的被接之前，先介紹三教的階位：

通教，三乘共通的教義，通前的藏教，通後的別教、圓教。此教明因緣即空，無生四真諦理，是摩訶衍之初門也。

正化菩薩傍通二乘，名為大乘之初門，在於前面的藏教與後面別圓二教間，證悟的關係，作為轉換的橋梁。而行位是依《大品般若經》中的乾慧地、性地、八人地、見地、薄地、離欲地、已作地、辟支佛地、菩薩地、佛地。

（四）中道觀的階位與利益

說明菩薩修中道觀的階位，先論及通教、別教與圓教被接的問題，為了論及三教的被接，首先介紹三教的行位，再與圓教的階位作比較。通教階位如次頁圖：

《諦觀錄》中，通教的上根行人於三地或四地被接，中根行人於五地或六地被

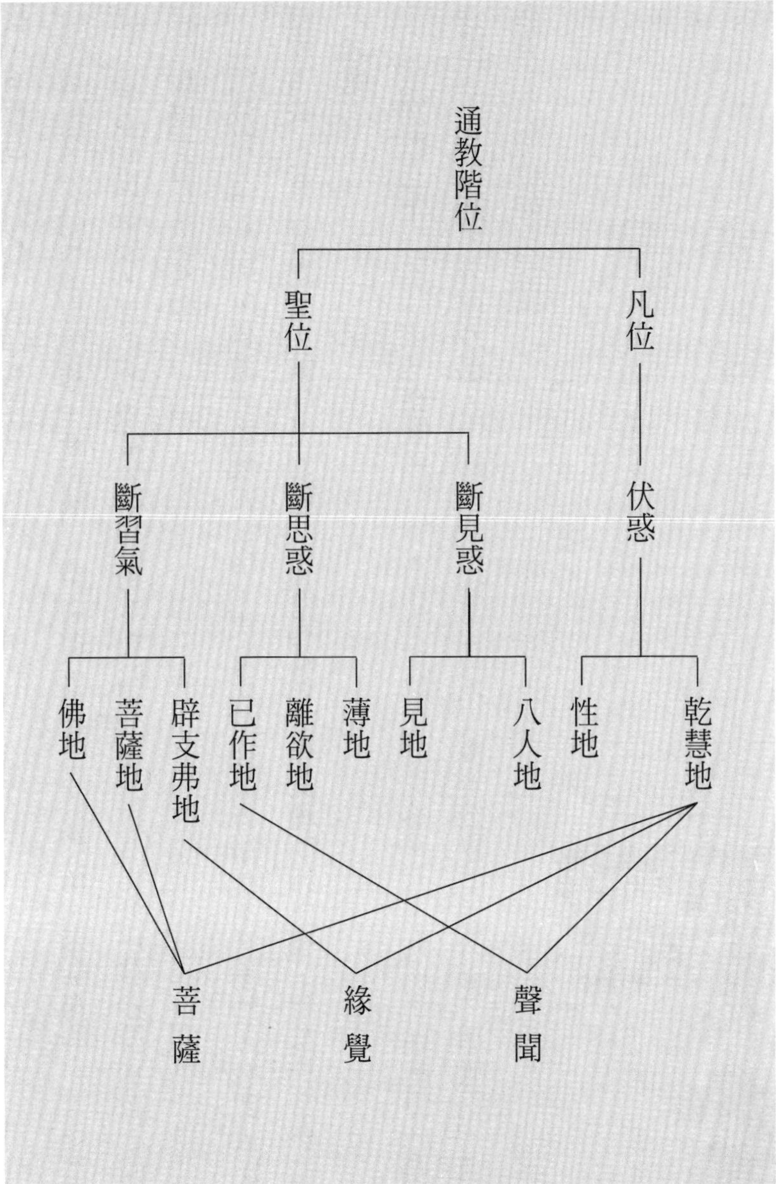
通教階位
聖位
凡位
斷習氣
斷思惑
斷見惑
伏惑
佛地
菩薩地
辟支弗地
已作地
離欲地
薄地
見地
八人地
性地
乾慧地
菩薩
緣覺
聲聞

接，下根行人於八地或九地被接。

被接又分為真、似二種。斷無明、證中道，是為真位被接；未斷無明，入中道位，是名似位被接。真位的被接於別教初地與圓教初地接入，似位被接於別教十回向、圓教十信位接入。

通教是大乘初門，具通前通後的性格，決定此種被接方法是不容易的，智顗大師重視古來《般若經》與三論學系的教學，於此通教中作此種明智之舉，實是他智慧過人之處！

依別教五十二階位來考察斷惑內容，在十信位伏見思惑，八、九、十住斷界內塵沙惑，十行位斷界外塵沙惑，十回向伏無明，初地以後至妙覺斷最後十二品無明。別教五十二階位如次頁圖：

別教五十二階位

- 凡位
  - 外凡位——十信——伏界內見思煩惱
  - 內凡位
    - 十住——斷界內見思煩惱，伏界外塵沙煩惱
    - 十行——斷界外塵沙煩惱
    - 十回向——伏界外無明
- 聖位
  - 真因
    - 十地
    - 等覺
  - 真果——妙覺
  - （十地、等覺、妙覺）——斷界外無明，至開悟成佛

別教斷三惑的內容與圓教相同，但三惑是隔別不融的個別斷，與圓教是三惑同體，同時斷的思想不同，在被接上是屬圓教接別教。上根是十住、中根是十行、下根是十回向時，以別教的中道原理證悟三諦圓融而入接圓教。

總之，別教是針對界外鈍根菩薩教修次第三觀、斷三惑、得三智而趨入中道實相，以能徹底利他為職責，一地一地升進，入無住涅槃，是為別教義。

圓教行位上，依《法華經》、《瓔珞經》設八科（五品弟子位、十信位、十住位、十行位、十回向位、十地位、等覺位、妙覺位）說明圓教修道過程。圓教階位如左圖：

圓教階位

- 凡位
  - 外凡位——弟子位——伏見思惑
    - 五品——（隨喜、讀誦、說法、兼行六度、正行六度）
  - 內凡位——十信位——斷見思惑、塵沙惑
- 聖位
  - 十住位
  - 十行位
  - 十回向位
  - 十地位
  - 等覺位
  - （十住位至等覺位）——斷四十一品無明，每斷一分證一分中道理
  - 妙覺位——斷元品無明，證中道理

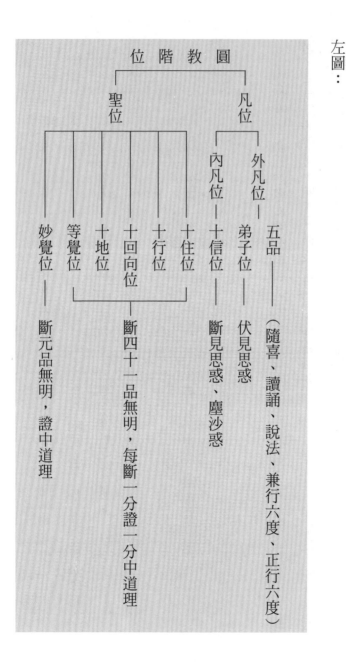

在圓教的五品弟子位伏五住地煩惱，十信位的初信斷見惑，第七信斷思惑，第八信、第九信斷塵沙惑，在初住至妙覺地斷四十二品無明。

要注意的是，圓教的立場是三惑同體說，三惑雖有粗、中、細之別，但實質上，圓教的修持是三惑同時斷，即一斷一切斷的。

在通教、別教、圓教位階的被接上，以通教接別教，到七地才論真修，八地論證。別教而言，十回向論修，登地後才論證。如此修證是離中道觀很遙遠的，故中道觀於凡夫如望崖無益。

圓教的五品弟子位雖只是凡夫地，即能圓觀三諦修於中道空觀，坐如來室；修寂滅忍，穿如來衣；修佛定慧，以如來莊嚴而自莊嚴；修無緣慈，入如來室。此引《法華經》解釋成三觀，空觀座、假觀室、中觀衣，再以定慧輔助說明忍辱衣。

圓教從五品位之隨喜品開始，任運修持入第五的正行六度，相似法起。如空中見鶴，便知道已見到水池，如遠遠見到煙就知道有火，即如相似位的人進入六根清淨位（內凡位）。

外道不修四念處永遠不會有四善根（煖、頂、忍、世第一法）之法，空觀與假觀也是如此，不修中道，相似之階位（入中道實相前之境地）也不可能生。

今圓教的五品弟子位於修持中能生相似解，轉入初住後即能破除無明，故《華嚴經》解釋初住說：無染如虛空，清淨妙法身，湛然應一切，煩惱及習氣無有遺餘。「初發過牟尼」即是這個意思，此乃六根清淨位，三界內煩惱斷盡，故名無餘，若進破無明才能超過牟尼（佛）。

三藏教牟尼（佛）未斷別惑，在教門的觀行上還是劣於圓教，所以圓教的初住心是超過三藏教牟尼（佛）的。

圓教的初住心勝於三藏教的佛位，在觀行上，從隨喜品（五品弟子位之第一品）到初住位，一生可修、一生可證，不必如通教要到七地、別教要到初地時才被接圓教修習中道觀，通教七地及別教初地的階位是方便說，圓教之初住位才是真實說。如《法華經》云：如此之事，是我（釋迦牟尼）方便，三世諸佛也是如此！現在為汝等說是最真實事。

又，三藏教的菩薩坐道場度眾時猶有煩惱惑在，所以不具足遮與照之雙流功用，到達佛位時才能具足雙流（遮與照）的妙用。通教接別教時，要具足遮與照的作用必須到八地的階位，別教在初地就有遮與照的作用。

由此可見權教位階的差別，而圓教雖言是初住位破一分無明，但卻是遮照的雙流位。如《付法藏因緣傳》說：「如來三昧，諸辟支佛不識其名。緣覺三昧，一切聲聞莫能解了，大目犍連、舍利弗等所入三昧，其餘羅漢不能測度。」如此類推，圓教初住位即是如此，能遍法界作佛事，不可限量。

前面空觀與假觀已說明破法遍的內容，今中道正觀觀無明、觀法性，不依有無兩邊、不依「有、無、亦有亦無、非有非無」四句，畢竟清淨無著，若入初住位能攝一切住，住即能破除煩惱惑，淨智豁然頓開，所以一破就攝一切破，故名破法遍。

約餘門明破法遍

前面從無生門論破法遍，以豎修（先後）三觀（空、假、中）徹見三諦（空、假、中）來破除一切煩惱執。現從橫修來論破法遍，橫門（同時）者如《中論》的八不：不生、不滅、不常、不斷、不一、不異、不來、不出。此八不[50]說明佛陀所說的第一義諦。一論說明八門依各種經論而言，則無量門，或言不有、不無、不垢、不淨、不住、不著、不受、不取、不虛、不實、不縛、不脫，如是等各種教義門，其數是無量不可算計，門門皆能通，故稱為門。

橫門（同時）破法遍舉《中論》八不來說明。所謂八不即不生、不滅、不常、不斷、不一、不異、不來、不出。八不主要在破除眾生的自性執，也就是說緣起的諸法其當體性空不可得，但是凡夫、外道及有所得的行者不能體認一切法空，總執著有實在性的法，從常識上的實在到形而上的實在，不能超脫自性妄見。

此自性見在時間上，即有常見、斷見；在空間上，則有一見、異見；在時空的運動上，則有「去、來執」；在法的當體上，則有「生、滅執」。此生滅等八計是眾生迷失的根本，和離一切妄見戲論不可得的中道不相應，於是龍樹菩薩開立八不，以破除一切有所得的迷執，而彰顯無所得的中道。因此古人說：「八不妙理之風，拂妄想戲論之塵；無得正觀之月，浮一實中道之水。」

故，若能深觀八不就能廣破諸法，故《瓔珞經》云：「八不相即，聖智不二；不二故，是諸佛菩薩母。」

從豎（先後）的方面，以空假中三觀徹見空假中三諦的清淨相，從橫（同時）的角度論破執障也是如此！今從無生門的角度來解釋諸法門義：

1.無生門觀陰入界境：修學止觀有十境：(1)陰入界境；(2)煩惱境；(3)病患境；(4)業相境；(5)魔事境；(6)禪定境；(7)諸見境；(8)增上慢境；(9)二乘境；(10)菩薩境。此十境通達則能破除一切障礙。

鈍根的人從第一陰入界境次第觀修至菩薩境方可成就，利根的人可以不次第修，隨其所觀，進入無生時即能成就，或於業相境時破除三障，或於魔事境時破除四魔而成就，其他境門也是如此！

2.無生門觀三千諸法：智顗大師的性具善惡的理論基礎是十界互具和一念三千，所謂介爾有心，即具三千說的當下一念圓滿具足三千世界的一切善惡，染淨諸法，即是吾人當下一念之中具足三千諸法，包容現象界的全體。

心在迷時含三千法，對之執著不捨；心在悟時也含三千法，但對之並不起執而視為方便，視為性德。心有染淨、迷悟的分別，但三千法不動絲毫，故「心如工畫師，造種種五陰；一切世間中，莫不從心造」，其他性、相、體、力等法門[51]也是如此！

從橫（同時）的角度論破執障，之前提到從無生門的角度，一者陰入界境、二者三千諸法皆由心起執見所致，以下無量門、無作門的法義也是如此！

3.從無生門發真正菩提心，生起四弘誓願。4.從無生門安心止觀，自行化他，信法迴轉，善巧應用。5.從無生門破除識之各種見解及四生的執。6.從無生門破除見有七萬二千八十四之止觀。7.從無生門觀智慧的障礙非自生空、假、中，故說是三觀一心。8.從無生門觀智慧障礙，從中觀角度遣除自生性、他生性、共生性、無因性的自性執。9.從無生門遣除相對待的自性空、假、中之執礙。10.從無生門以三觀破除一切障。以上解釋是以無生門橫破一切法的內容。

無生門的意義若依《無行經》即是無行位，若依《金剛經》即是無住位。所謂無行是言一切法無生，一切法無相，一切法無分別，一切法無起無作，一切法空。所謂空者非是空法而是空其見，若空其見則不見不見空，不見性、不見相，不見人、不見我，不見善、不見不善，不見是、不見非，不見毀、不見譽，不見生死、不見涅槃，不見煩惱、不見菩提乃至不見佛、不見眾生。

如此一切不見即見第一義，故佛說離於諸見是名真空觀也。所謂諦無行，智無行，菩提心無行，安於止觀無行，破除見思惑、無明等無行；生死涅槃等無行，無行行，無行位，無行教，如是等一切悉入無行門中。

《金剛經》中所說之無住，乃說不住六塵相，不住色布施、不住聲、香、味、觸、法布施。復次，不住境智布施，不住慈悲布施，不住見思惑中布施，不住無明中布施，是名檀波羅蜜。乃至不住色中持戒、忍辱、精進、禪定、般若也是如此！雖然諸法不住，以無住法住於般若中即是入空，以無住法住於世俗諦即是入假，以無住法住於實相即是入中。

最末說明無生一門既然能申一切法，又何必再用其他門。法相的意涵是如此，但各各所行不同。譬如《維摩經》中，三十二菩薩各說自己的不二法門，是故以豎、橫方式來顯無生門之義。

橫豎一心明止觀

如上所說，以橫（同時）豎（先後）之深廣破除一切邪執，申一切經論，修一切觀行，逗一切根緣。迴轉無窮，言煩難見，今當說明正意。

從無生門千萬重疊的說明，歸結也只是無明一念因緣所生法而已。此一念無明所生的法相可歸納為空、假、中於一心中，乃不可思議的三諦境，故這一念含三觀的心具足一切種智、佛眼等智慧，無生門如此，無量、無作諸門亦如此！所以雖種種說，但只一心三觀，故無橫、無竪之別，而一心修止觀又分為總明一心、歷餘一心三觀。

（一）總明一心

從總體來說，此一念無明的心具有空、假、中三諦，若能體會通達一觀（中道）就具足三觀。以下從四方面說明：

1.緣所生法度入

天台學本出於龍樹思想，故以一念三千為因緣所生法，即空、即假、即中。前面說一念無明與法性合，有一念法於五陰、十八界、十二入生起，就有一切百千虛幻的夢事（世間虛妄造作）；一陰入界，一切陰入界。故用無量的單見、複見、具足見、無言見乃至三界九地種種的思念，以十六門（四見×四教）破除這些妄法，即是前面所論述的豎（先後）橫（同時）的破法遍。

現在所說的一心生的因緣法，即超越前面所說的一切次第的因緣法，純然是不可思議的因緣所生法（依因緣而生一切法，無非皆具中道之理，凡夫無法理解，故言不可思議），此乃是從中道觀的因緣法度入。

2. 諸法即空度入

雖說是因緣不可思議，每一念法中皆具因成假、相續假、相待假及有、無、亦有亦無、非有非無等意涵，但句句也是求實不可得的。不管是無量諸見、三界九地之思或十六門都是無自性空，現在所說的一心即是空，也是超越之前的次第諸空，純然是不可思議的畢竟妙空（圓教的中道空故）。

3. 諸法即假度入

之前所敘述的假觀內容分別為藥方與眾生病、授藥等等，雖廣為分別，現在所說的假（觀）乃超越前面所說的次第假（觀），此是懸雙照二諦之假（以假觀即是中道觀故）。

4. 諸法即中度入

之前聽聞非空非假乃至非有非無，不論是藏教、通教、別教或是單見、複見、具足見、無言見的非有非無等，都與現在所說的不同。現在所說的非有非無或非空非假，超越之前可思議的非有非無等，純然是中道不可思議的非有非無。

如此，能了解三諦一心中得的人是非常難得：

1.從一念心來論無明：還是歸結約心論因緣所生法，所以才有前面所說的一切法，因為六根接觸六塵才產生六識的好壞分別，所以現前的一切現象無非皆由心生。

2.約心即空：既然現象諸法都是因緣所生，因緣所生的一切法本無自性，因此現前的一切法也皆是空。

3.約心論假：雖說現前一切法都是因緣假合的無自性空，但於世俗諦應用的角度而言，本質（體）雖是不斷變化的自性空，於相上、應用上仍不失於相與應用上的特質，此乃菩薩度化眾生的原則。

4.心論法界：既然菩薩知道現前一切法本質是空又能善用其特性，嚴土熟生（成熟眾生，莊嚴國土），十法界無非在一心中生，故有不落有（假）、不落無（空）的非空非假之中道。

空、假、中三諦皆在一心中具足，論其道理，心中即空、即假、即中，如一剎那間具有此三諦相，但此三諦各有生、住、滅之相貌，一心三觀也是如此。生譬喻假合而有的現象，滅譬喻空無的現象，住譬喻當下存在的現象非空非有。三諦雖不同，也只在此一念中，其他如三觀[52]三智、三止[53]三眼[54]也皆是如此。

若能於一心中具足三觀，則是於眾生開佛知見。之所以成為眾生，是心中具有貪瞋癡的煩惱，都是由於世間法中執著有我，而我是眾因緣和合所成，又名為眾生，隨執我之心起而有三毒之煩惱，即名為眾生。

其時，此一念中是既有空、假、中之本質，隨心起念，三止三觀的特性是具足的。此觀名佛之知，此止名佛之見，於念念生滅中，止（寂靜）觀（觀照）的智慧現前，即是開佛知見。

若能成就此止觀智慧即能陸續進入圓教的五品弟子位，五品弟子位即是十信以前之外凡位，亦是六即中的觀行即。五品即：①隨喜品：聞實相圓妙之法而信解隨喜，內以三觀觀三諦之境，外用懺悔、勸請、隨喜、發願、回向等五悔勤加精進。②讀誦品：信解隨喜並讀誦講說妙法之經。③說法品：以正確說法引導他人，更由此功德觀自心之修行。④兼行六度品：觀心之餘輔修布施、持戒、忍辱、精進、禪定、智慧等六度。⑤正行六度品：觀心之功夫進時，自行化他事理具足，故在此須以六度之實踐為主。

故《摩訶止觀》說能於一心中成就一心三觀的智慧，是名隨喜品，依此以讀誦、說法、兼行六度、正行六度輔助能成就五品弟子位。若轉入六根清淨位（內凡位）就是六即中的相似位，故《法華經》云：「雖未得無漏，而其意根清淨如此。」

若從相似位進入銅輪位（圓教十住位），亦稱分真即佛，分真即菩提。因相似中道慧觀之功力增勝，初破一品根本無明，見佛性、開寶藏、顯真如、證法身，從此入於聖位（與藏通二教斷見惑即名聖位不同），更由第二住至十住歷十行、十回向、十地和等覺共四十一位，皆分破無明，分證法身。法身即是毗盧遮那遍一切處佛的境界，即是智境圓融、光壽無量的常寂光，光為般若德，寂為解脫德，常為法身德，故《法華經》云：「得如是無漏清淨之果報。」

因修一心三觀的緣故，能次第入圓教的十住銅輪位破除無明，證得無生法忍乃至四十二地諸位（十住、十行、十回向、十地、等覺、妙覺），此即是說明圓教的六即佛位[55]的意涵，在修道上與藏、通、別教之差異。圓教於十住銅輪位時能證得無漏的清淨果報，因為從十住開始，斷除一分根本無明，顯一分中道實相，次第經歷四十二位，必然能成就究竟佛果。故說「三賢（十住、十行、十回向）、十聖（十地）住果報，唯佛一人居淨土」，即是以賢聖為因，妙覺地為其果報也。

三賢十聖是圓教十住位之果位因，如《仁王般若經》云：「賢聖居因，故有果報；佛無報故，名之為淨。」即是說三賢、十聖、佛淨穢雖有不同，在斷染、證淨上有層次差別，但皆可證得究竟。

《金光明經》：稱為應身乃境智相應，以境為法身，以智慧為其報身，起用為其應身。以證得法身故，常恆不變。法身清淨廣大如法界，究竟如虛空，盡未來際也。

《涅槃經》說：得無上報者，謂佛有現世所證得果報，而這種成佛的果德名無上報。因為佛陀已證得無生，不再三界輪迴，所以說佛無報。又說此無上報也可以稱為子果、果子。以現世顯現果報，即如種子所現的果相（子之果），因為不再來三界輪迴（不受後有）的果報，所以是果中之子。

（二）歷餘一心三觀

假使總觀無明的心，未必很恰當，若生起欲心、瞋心、慢心時，當下也是即空、即假、即中的。之前所說，皆以觀識陰來說，其餘色、受、想、行陰也是這樣觀照，乃至十二入、十八界也是如此！

入假觀有如此因緣，入空觀為何沒有？入空觀有四門料簡（有、無、亦有亦無、非有非無），為何假觀沒有？入空也有五種因緣，唯簡敘述而已！五種因緣為：(1)為解脫故；(2)為利他故；(3)為成就慧命故；(4)為得無漏故；(5)為入佛法境界故。

(1)為解脫者：凡夫的生死煩惱繫縛，非空不能解脫。

(2)為利他者：自己有煩惱如何解脫別人的煩惱？為解脫別人的煩惱所以入空。

(3)為成就慧命者：賢聖者皆以智慧為命，慧命非空不能立。

(4)為得無漏者：各種神通中以無漏通最為殊勝，為得神通必須入空。

(5)為得法位者：佛法之證果階位非智慧不能入，空慧能速入佛法階位。

談到入空的五種因緣外，空觀另有大、小、偏、圓四種層次，為分別其特點，須以四門來區別清楚，而假觀不兼雜小乘教（假觀乃為度眾生用），所以不用！

空觀有二種，析空觀專指小乘、體空觀是大小二乘所共通的。為了分別體空觀為大小乘中的不同，故須用四門來料簡。如體空觀是三乘共有，但別教入空，雖獨在菩薩，智斷雖然相同，其心念是有差異的。

大小乘在智障上有不同的說法，達摩鬱多羅（法尚）之《雜阿毗曇》解釋：煩惱是惑心，故煩惱是障；智慧是明解，如何說智慧為障礙？智慧有兩種，證智是佛菩薩的智慧、識智是二乘人的智慧。

二乘人的智慧雖得智慧之名，未順合真理實相，意義上相當於識，能破煩惱又等同是智慧。就分別識智而言，識是順於想，於性質上還是有分別的，這種智慧違背真理的真空實相特性，故是體違，而這種智慧是經觀想而成就的，故說是想順。

二乘人的智慧是不同於佛菩薩的智慧，而此種智慧會成為成就佛菩薩智慧的障礙，故說此智為障，故佛是由二障（執著證智與識智）中獲得解脫的。

《涅槃經》說：斷除愛染獲得心解脫，斷除無明獲得智慧。《地持經》說：愛為煩惱之首，故是心解脫，對治煩惱障也。遠離一切無明汙穢，於一切所知如無障礙，名智淨，智淨即是慧解脫。《入大乘論》說：出世間無明是智障，世間無明，賢聖已遠離，即是先斷煩惱障。

既然執著證智、識智皆是煩惱，為什麼以無明為智障？無明是執著智慧的煩惱，本身是以智為體，故說執著智慧是修道的障礙。例如從無為生死（不再生死輪迴）的角度而言，眾生於三界六道不停流轉的分段生死並不是無為的（因為生死輪轉是眾生造業的果報故），假使能悟入無為的體性空與生死的體性空是無二無別，當下生死即是無為，故以無為為名也。

愛是四住煩惱（斷見思惑中，除無明地惑外，有見一切住地、欲愛住地、色愛住地、有愛住地等屬於愛的四住地惑）也能障礙智慧，但這是不同的煩惱惑，因有智慧時則無煩惱，有煩惱時則無智慧，故說解惑不俱，煩惱本身即是障礙，名煩惱障。

接著說明愛與無明的體性。從功能來說，愛能令所有染汙法相續不斷，能令心念煩躁，惱害心，此乃愛的功能，而無明覆蓋我們的心性，但其產生乃來自愛的緣故，此無明之所以成為無明，也是因為有愛的緣故，所以愛為煩惱障，而無明的功能是智慧的障礙，若不能消除無明是無法獲得解脫的。

而愛與無明乃本末的不同，無明為本，正違解脫，違即是障。愛的本質雖然違反解脫義，但是以無明為根本而生的。無明本性即是迷，它障礙智慧的意義就很明顯了，從無明能障的意義來說，故名為智障。

無明的體性有二：一迷理；二迷事，此二者何為智障？《地持經》說：二乘無漏「人無我智」為煩惱障淨智；佛菩薩的「法無我智」為智障淨智。若依這種說法，二者皆是迷，在理論上都是智障。又，智慧有所障礙，名為智障；於一切法知無障礙，即是於事中如同沒有障礙一般，但是迷於對真實的了知，為智障。

那麼假使迷事、迷理都是智障，何者為定？觀照事事的智慧雖有我智、法智的差別，但二者體性是無差別的。智慧、無明的體性（無自性空）也是相同的，雖然相上有分別，而體性是無差別的。有人說，心智為障礙者是因心是分別，分別為事，事礙真如實相，不能獲得證智，此也是智慧的障礙。如小乘人入滅盡定，滅想、滅心，又名滅智，故有滅智的意義。今滅智障，心不可滅，既捨分別，入無分別，即趨向智障清淨。

故說，智障與中道智是自然法爾，不是條件使然，故智障是不可斷的，因為智障是無明，無明的實性是法性，是故智障不可斷也。

【註】

1 五住地惑：(1)見愛住地：即身見等三界之見惑。(2)欲愛住地：即欲界煩惱中，除見、無明而著於外之五欲（色、聲、香、味、觸）之煩惱。(3)色愛住地：即色界之煩惱。(4)有愛住地：即無色界之煩惱。(5)無明住地：即三界一切之無明，無明為癡暗之心，其體無慧明，是為一切煩惱之根本。
五住地惑中，天台宗則以見一切住地為見惑，第二、三、四為三界之思惑，總稱為界內見思惑，二乘人斷之而出三界。第五之無明住地，即界外之惑，就此立四十二品之別，經四十二位斷盡之，離二種生死，得證大涅槃。

2 十種寶山：是《華嚴經》中所說雪山、香山、軻梨羅山、仙聖山、由乾陀山、馬耳山、尼民陀羅山、斫迦羅山、宿慧山、須彌山。

3 觀行位：依天台六即佛，觀行即是了知一切法皆是佛法，進而依教修行而達於心觀明了、理慧相應，此等之人所行如所言、所言如所行，言行一致以證此位，故稱觀行即佛。

4 四不生：乃龍樹菩薩於《中論》中所立四種不生之句，以彰顯諸法無生之義。即：(1)不自生，謂一切萬法不以自己為因而生。(2)不他生，謂一切萬法不以他因而生。(3)不共生，謂一切萬法不以自他為共因而生。(4)不無因生，謂一切萬法不以無因而生。

5 五停心位：修五停心觀之階位。於此階位修不淨、慈悲、因緣、界分別、數息等觀，調和多貪、多瞋、多散亂等心，次第進入聖位。小乘認為從五停心位經過別相念住位而達總相念住位，此三位總稱為三賢。

6 總相念住位：即總觀四念住之無常、苦、空、無我之共相之位。

7 四善根位：指煖、頂、忍、世第一法。煖位，係以光明之煖性為譬喻，此位可燒除煩惱，接近見道無漏慧而生有漏之善根。頂位，於動搖不安定之善根（動善根）中生最上善根之絕頂位，乃不進則退之境界，修至此位即使退墮地獄亦不至於斷善根。忍位，為確認四諦之理，善根已定，不再動搖（不動善根）之位，不再墮落惡趣。世第一法位，為有漏世間法中能生最上善根之位，觀修欲界苦諦下之一行相，於次一剎那入見道位而成為聖者。

8 見道：《成實論》以八忍八智之十六心全屬見道，故主張十六心見道，又作十六心見諦之說。

9 乾慧地：三乘聖人初修五停心、別相念處、總相念處等三觀，雖有觀慧，然未全得真諦法性理水，故稱為乾慧地。

10 八人地：通教十地之第三地。三乘人證真斷惑，在無間三昧中，八忍具足，智少一分。

11 五品弟子位：指隨喜、讀誦、說法、兼行六度、正行六度。

12 三因佛性：係天台智顗大師據北本大般涅槃經卷二十八之說所立者，謂一切眾生無不具此三因佛性，此因若顯，即成三德妙果。(1)正因佛性，正即中正，中必雙照，離於邊邪，照空照假，非空非假，三諦具足，為正因佛性。亦即諸法實相之理體是成佛之正因。(2)了因佛性，了即照了，由前正因，發此照了之智，智與理相應，是為了因佛性。(3)緣因佛性，緣即緣助，一切功德善根，資助了因，開發正因之性，是為緣因佛性。

13 二十五有：生死輪迴之迷界計分為二十五種，由因必得果，因果不亡，故稱為有。即二十五種三界有情異熟之果體，為：(1)地獄有；(2)畜生有；(3)餓鬼有；(4)阿修羅有。地獄至阿修羅乃六趣中之四趣，各一有。(5)弗婆提有；(6)瞿耶尼有；(7)鬱單越有；(8)閻浮提有。由弗婆提有到閻浮提有乃開人之四洲為四有。(9)四天處有，(10)三十三天處有，(11)炎摩天有；(12)兜率天有；(13)化樂天有；(14)他化自在天有；(15)初禪有；(16)大梵天有；(17)二禪有；(18)三禪有；(19)四禪有；(20)無想有；(21)淨居阿那含有；(22)空處有；(23)識處有；(24)不用處有；(25)非想非非想處有。總計欲界十四種，色界七種，無色界四種。

14 二十見：五蘊中各有四種相，故有二十。四種相如：色大我小、我在色中、即色是我、離色有我。其他四蘊也是如此。

15 犢子部：其部名與部主，三論玄義舉真諦三藏之說，謂有名為可住之古仙人，其後裔有可住子阿羅漢者，今此部為其弟子所倡，故稱可住子弟子部。《異部宗輪論述記》則別說，謂上古有一仙人貪欲莫遏，染母牛而生子，自後仙種皆言犢子，為婆羅門之一姓。佛世時有犢子外道歸佛出家，其後門徒相傳不絕，分部之後即稱犢子部。

16 略述佛教與老莊的比較：

佛教與老子、莊子於《大正藏》中的《弘明集》、《廣弘明集》皆有記載彼此在歷史上之論爭。從思想的角度而言，佛教講因緣法的自然哲學，因緣法是通三世的，而老莊的自然哲學講求人只要效法現世的自然就好。兩者也講無為法，佛教的無為法是與一切法空相應，生起慈悲智慧，廣度一切眾生。老莊的無為是謙虛、無為而無不為。佛教以出世心入世度化眾生為其悲願，老莊以入世心、隱士行來警策人們的功利主義。

17 總相念處：即總觀四念住之無常、苦、空、無我之共相之位。

18 別相念處：一面觀身、受、心、法之不淨及苦、無常、無我之自相，同時觀無常、苦、空、無我之共相。

19 四善根：煖，係以光明之煖性為譬喻，此位可燒除煩惱，接近見道無漏慧。頂，又作頂法，於動搖不安定之善根（動善根）中，生最上善根之絕頂位，乃不進則退之境界。忍，又作忍法，為確認四諦之理，善根已定，不再動搖（不動善根）之位，不再墮落惡趣。世第一法位，又作世第一法，為有漏世間法中能生最上善根之位。以上煖位、頂位、忍位、世第一法位等四種善根以能生見道無漏之善而成為其根本，故稱善根。

20 八人地：通教十地之第三地。人者，忍也，謂三乘之人共同自世第一法入於十六心見道，正斷見惑之八忍位也。八忍即見道之苦法智忍、集法智忍、滅法智忍、道法智忍、苦類智忍、集類智忍、滅類智忍、道類智忍等八忍。《大乘義章》十四曰：「具修八忍，名八人地。」

21 根據《菩薩瓔珞本業經》卷上，用「六因位」（信、住、行、向、地、等覺）譬喻為「六輪」，乃至六性、六堅、六忍、六定、六觀等，都用「瓔珞」作為名稱，便是取其菩薩在這些位次中莊嚴法身的意思。所謂「六輪」者，便是：以鐵輪譬喻十信位；以銅輪譬喻十住位；以銀輪譬喻十行位；以金輪譬喻十回向位；以瑠璃譬喻十地位；以摩尼輪譬喻等覺位。「輪」，即佛家通常所說的法輪之輪，本為攻堅克敵的武器，取其能夠碾碎或摧毀惑業、降伏煩惱等義。

22 八十一品思惑：三界九地中，三界指欲界、色界、無色界，九地即欲界、四禪、四無色。其中欲界具有四種思惑（貪、瞋、慢、無明），四禪、四無色已除瞋，尚餘三惑。於各地中，總此等修惑分上上乃至下下九品，合之為八十一品思惑。

23 難陀比丘：難陀華譯為善歡喜，又名牧牛難陀，因問佛放牛十一事，知佛具一切智，後來跟佛出家，獲證阿羅漢果。又，難陀是佛的堂弟，家有豔妻，因沉溺於其妻的美色，不樂出家，後來為佛方便度化而證得阿羅漢果。

24 事障：如想入初禪，猶見在欲界定中的發相（定中瑞相，如見到衣服臥具等），名為事障。

25 初禪：清淨心中，諸漏不動，是為初禪。具有覺、觀、喜、樂、心一境性等五支。又於此禪定之中，可對治貪恚害尋、苦、憂、犯戒、散亂等五種修道之障難。

26 八觸：即是動觸、癢觸、輕觸、重觸、冷觸、煖觸、澀觸、滑觸。此八觸發生之原因，以欲得初禪定時，上界之極微入於欲界之極微，二者交替，地水火風狂亂發動。

27 無礙道與解脫道：無礙道又稱無間道。間即是礙或隔之義，謂觀真智理不為惑所間礙（隔）。煩惱尚存，於後念得擇滅之理，故煩惱與擇滅間更無間隔，稱無間。由此至涅槃，故稱道。三界分為九地，九地一一有修惑、見惑，一地之修惑又分九品斷之，每斷一品惑各有無間、解脫二道，即正斷煩惱之位為無間道；斷後相續所得之智為解脫道。修惑於各地立有九品，故能對治之道亦有九品，稱九無間道、九解脫道。

28 十六心見道：小乘俱舍宗謂觀察思悟四諦十六行相之後，進入見道，以無漏智現觀四諦所得之十六種智慧稱為十六心。十六行相，即在修習觀悟之過程中，對四諦各自產生四個方面之理解與觀念。見道，為佛教修行階位之一種，意謂見照四諦真理之修行階位。

29 盡智：於無學位所起之智慧。據《集異門足論》卷三載，於四諦有所證悟，所從生之智、見、明、覺、解、慧、光、觀等，皆稱為盡智；若如實知已盡除欲漏、有漏、無明漏等，稱為盡智；若如實知已盡除一切結縛、隨眠、隨煩惱、纏，稱為盡智。

30 無生智：指了知一切法無生之智，亦即滅盡一切煩惱，遠離生滅變化之究竟智慧；於四諦已自知苦、斷集、修道、證滅，復更遍知無「知、斷、修、證」之無漏智。又已遍知斷盡「欲、有、無明」之三漏及結縛、隨眠等不再生起，故稱無生智。

31 八忍：指苦法忍、苦類忍，集法忍、集類忍，道法忍、道類忍，滅法忍、滅類忍等八法。

32 五行：指菩薩所修之五種行法。即(1)聖行：菩薩依戒、定、慧所修之行。(2)梵行：菩薩以淨心運於慈悲，與眾生樂而拔其苦，故稱梵行。(3)天行：菩薩由天然之理而成妙行，故稱天行。(4)嬰兒行：菩薩以慈悲之心示同人天、聲聞、緣覺之小善之行，故稱嬰兒行。(5)病行：菩薩以平等心運無緣之大悲，示現出同於眾生之煩惱、病苦等之行，故稱病行。

33 十喻：幻、焰、水中月、虛空、響、犍闥婆域、夢、影、鏡中像、化。

34 《涅槃經》云：「云何菩薩摩訶薩所修聖行？菩薩若從聲聞、若從如來得聞如是《涅槃經》，聞已生信，信已應作思惟：諸佛世尊有無上道、有大正法、大眾正行。」

35 不共般若是菩薩獨有的，在《大智度論》說：「一切聲聞辟支佛，實無能力為諸菩薩說般若波羅蜜，況我一人。所以者何？菩薩智慧甚深問答玄遠，諸餘淺近法於菩薩邊說猶難，何況深法？」

36 隨道戒：指道共戒，即隨順四諦理破除見惑而持戒。

37 無量四諦：乃菩薩用以度化無量眾生者。(1)苦諦，即菩薩能知見眾生之苦有無量之相。(2)集諦，即菩薩能知見眾生之惑業能招集苦果，亦有無量之相。(3)滅諦，即菩薩依方便正修而證入涅槃寂滅之理，有無量之相。(4)道諦，即菩薩所證得之諸波羅蜜有無量之相，此無量道法能自利利他，救度無量之眾生。

38 五住地煩惱：又作五住煩惱。即見、思、無明之煩惱有見一切住地、欲愛住地、色愛住地、有愛住地、無明住地等五種區別，稱為五住地惑。此五種惑為一切煩惱之所依所住又能生煩惱，故稱住地。

39 十六道滅：藏、通、別、圓四門各有四諦，故稱十六道滅及十六苦集。

40 五因緣：菩薩以信樂為因、大精進勇猛為因、平等大慧為因、有佛智眼為因、樂欲獲得果報究竟一切為因來廣度眾生。

41 六根清淨：又作六根淨位。為天台宗智顗所立別教五十二位的十信位，亦相當於圓教六即位的相似即位。於此位之菩薩已斷除見思二惑，獲得六根清淨。

42 五品弟子位：八行位之一，略稱五品位。天台宗立圓教之行位有八，五品弟子位即其中第一位。十信以前之外凡位區別為五品，在六即位中相當於第三之觀行即（觀行五品位）。五品，一般指專心於自己之實踐行，故稱弟子位。

43 圓觀三諦：即是於一念心中，能觀空、觀假、觀中之三諦。

44 後心：指最後的一心。如二住對初住而言為後心，三住對二住為後心。

45 《老子西升經》又叫《老子化胡經》，是道士王浮所偽造的經典。

46 空中風：表示借事來顯其用。

47 劫燒負草，令無燒害：世間之火尚能燒草，何況入於劫火，哪有不燒的可能？要令它不燒，必須有大方便。此處的方便善巧意指中道觀體相也。

48 三假：因成假，一切有為法乃因緣所成。相續假，眾生心識念念相續，前念既滅，後念復生，了此相續本無實體。相待假，一切諸法各有對待，如對長說短、對短說長，大小、多少、強弱亦是如此。

49 止有三義：(1)止息義：眾生妄想紛然雜前，能澄心慮思則萬念頓息，此就「所止」而說。(2)停止義：心緣諦理，繫念現前，湛然停止，不復動搖，此就「能止」而說。(3)不止止義：法性無明，本為同體，非止非不止，以無明為不止，法性為止，即無明是法性，不止而止，此則別約諦理而說。

50 八不：出自《中論》：「不生亦不滅，不常亦不斷，不一亦不異，不來亦不出；能說是因緣，善滅諸戲論。我稽首禮佛，諸法中第一！」

51 十如是：如是相、性、體、力、作、因、緣、果、報、本末究竟。十法界有情皆具十如是特質。如，乃實相也！

52 三觀：對於一切存在作三種觀法，即空觀、假觀、中觀。

53 三止：(1)體真止，謂體達無明顛倒之妄，即是實相之真者，稱為體真止。(2)方便隨緣止，菩薩隨緣歷境，心安於俗諦而不動，稱為方便隨緣止。(3)息二邊分別止，指不分別生死與涅槃、有與無等二邊之相。

54 三眼：指聲聞所證的慧眼、菩薩度眾的法眼、如來的佛眼。

55 簡單說明圓教六即佛義，以助了解一心三觀的內涵：

(1)理即佛：一切凡夫眾生現前的一念心性就是如來藏的理性。

(2)名字即佛：理本現成，而吾人日用不知，由於一向執迷不聞三諦，全然不識佛法，如牛羊眼不解方隅，值遇某種因緣，或從善知識或從佛經卷了知如來藏性，悟二空理，通達一切法皆是佛法。

(3)觀行即佛：此觀行位有隨喜、讀誦、說法、兼行六度和正行六度的五品淺深次第。此觀行位人已經能夠圓伏（一伏一切伏）五住地煩惱不起現行而未能斷除見惑，是圓教的外凡位，與別教十信位相當。

(4)相似即佛：此位之人為圓教的十信之位。於初信位上斷除見惑，於七信位上斷除思惑，於第八、九、十信位上斷除塵沙惑，是圓教的內凡位，又此位之人獲得六根任運不染六塵的實證，所以稱作六根清淨，於一一根中皆具有六根的功用，能夠六根互用作六塵的佛事，六根清淨位據《菩薩瓔珞本業經》稱鐵輪位。

(5)分證即佛：因相似中道慧觀之功力增勝，初破一品根本無明，見佛性入於圓教初住位，亦稱銅輪位。從此入於聖位（與藏通二教斷見惑即名聖位不同），更由第二住至十住歷十行、十回向、十地和等覺共四十一位，皆分破無明，分證法身。分證即佛，圓教十住位稱之銅輪位。

(6)究竟即佛：分證位到了等覺，去佛僅差一等，名有上士，此等覺位人更破最後第四十二品生相（微細）無明，證入妙覺之極果，至此已經窮盡法海淵底，智斷究竟。

識通塞

十乘觀法中的第五項是識通塞。修學止觀中，認知何者為修道通達之道（通）、何者為障礙之門（塞），是名識通塞。開始破除一切煩惱惑之前，處處有障礙為塞、為失，而遍破一切煩惱惑之後，體悟四教通塞之理乃層層轉深，至此才可以明白道理、修道的方法、助道的因緣、證得的階位而安於階位上不貪法愛之執，是為大乘止觀。

為了充分顯示無生的道理，必須先說明什麼是通、什麼是塞？若能了知通（達）與塞（不通）就能知道得失，斷惑上是如此，教義上也是如此！外道也愛著空的智慧，故用四句[1]來破除執著。若不執著於空的智慧，當下即能使塞變成通了，就好比去除眼翳才能保護眼珠。

若能如此，即同引人入寶所（一乘佛道）的大導師善知何者為通達、何者為不通達（塞），故能引導眾人入五百由旬（成等正覺）。

此五百由旬的佛道，從見解上以生死、煩惱、智慧三項來作檢討：

（一）從生死來說

三百由旬是三界的果報，屬於方便有餘土，實報無礙土是為五百由旬的處所。依此推理，五百由旬尚且是從生死中而得，是故不能把常寂光土對於五百由旬。

（二）從煩惱來說

所謂見惑的煩惱為一百，五下分結[2]為二百，五上分結[3]為三百，塵沙惑為四百，無明惑為五百。

（三）從觀智來說

空觀智知是三百，假觀智知是四百，中觀智知是五百。此項與文義相符，沒有諸師見解上的過失。

之前論《法華經》五百由旬，相對於見思惑、塵沙惑、無明惑在見解上的觀點，現從圓教（實教）的角度分析五百由旬，其中有橫通塞與豎通塞之別。

在橫通塞方面，具有三法，四諦、十二因緣、六度。從四諦而言，苦集是塞、道滅是通；從十二因緣來說，生起無明而有生死的十二因緣為塞，滅除無明脫離生死輪迴為通；從六度來說，六蔽[4]覆蓋心性是塞，六度是通。

從豎通塞方面，亦具有三法，見思二惑分段生死是塞，從假入空觀為通；無知的方便生死為塞，從空入假觀為通；無明因緣生死為塞，中道正觀為通。如左圖：

橫通塞		豎通塞	
塞	通	塞	通
苦、集	滅、道	見思的分段生死	從假入空
生起無明	滅除無明	無知的方便生死	從空入假
六蔽	六度	無明因緣的生死	中道正觀

什麼是方便生死與因緣生死？《佛性論》說：出三界外有三種聖人，謂聲聞、獨覺以及大力菩薩，住無流（不再流轉）界有四種怨障，由此四怨障的緣故，不能獲得如來法身的四種功德波羅蜜。

所謂四怨障即是方便生死、因緣生死、有有生死、無有生死。分說如下：

（一）方便生死

是無明住地，能生新的無漏業。譬如無明生行或因煩惱方便生起同類的煩惱果，名為因緣，如無明生起諸不善行。若生不同類之果報，名為方便，如無明中生起善行，不動行故。今無明住地生起新的無漏業也是如此，或生同類或生不同類。生福行名為同類，以同緣俗故；生智慧行名不同類，以智是真慧的緣故，是名方便生死。

（二）因緣生死

是無明住地所生的無漏業，此無漏業名為因緣生死。譬如無明所生行是業，但感同類，不生不同類果。善行但生樂果，不善但招苦報，故名因緣生死。方便生死譬凡夫位，因緣生死譬須陀洹以上，但用故業，不生新業。

（三）有有生死

是無明住地為方便，無漏業為因，三種聖人是意所生身，譬如四取為緣，有漏業為因，三界內生身有有者，未來生有，更有一生，名為有有。如上流阿那含人於第二生中般涅槃者，餘有一生故，故名有有。

（四）無有生死

是三聖意生最後身為緣，是不可思惟退墮，譬如生為緣，老死等為過失，是故無明住地為一切煩惱所依止處，而一切煩惱通名無明者，以無明為眾惑根本，根本既未滅盡，由為一切煩惱垢臭穢熏習故，阿羅漢、辟支佛及自在菩薩不能至得無所染汙大淨波羅蜜。

現在以豎（前後）與橫（同時）兩方面來檢視修持法門中，何者為通往解脫的途徑？何者為修道的障礙？豎（前後）的三諦如經，橫（同時）的三諦如緯，縱橫相織方成三諦的真實義。若三諦中有苦集等煩惱相就不能成就三諦的境智，如入空諦時，具有四諦、十二因緣、六度來檢視心法，及能所（主客）的對待，使心中無苦集、無明及六蔽的障礙，在假諦、中道諦中檢視煩惱相也是如此！

在入空諦中，有析空觀、體空觀的不同，說明如下：

（一）析空觀的三塞相

1.苦、集：如從假入空觀破除各種見思惑為主，見惑中的單見、複見、具足見、無言見等錯誤見解及思惑中的八十一品思惑，這些都是增長煩惱、阻礙修道人的智慧與解脫，若取著其一即造煩惱業，墮落生死輪迴，哪能見到出世間生死的道、滅？

2.十二因緣：不能了知見思惑中的四諦理，即是無明。既有無明，就會引生行、識、名色、六入、觸、受、愛、取、有、生、老死的因緣，生生輪轉不已！

3.六蔽：因為無明，故對於一切諸法慳吝不捨（不肯布施），因慳貪煩惱故，在生死的此岸輪迴，無法出離。六蔽中，除慳貪外，因無明故造毀犯、瞋心、懈怠、散亂、愚癡等業。

《涅槃經》中說：如婆羅門幼稚童子為飢餓所逼，見人糞中有菴摩羅果即便取之，有智慧的人就呵責他，汝是修梵行的清淨道人，為何取汙穢的果子食？童子聞言心生慚愧。喪失此清淨梵行是名為塞，章安大師解釋此婆羅門喻為修般若的清淨道人，幼稚童子喻解行力量淺薄的行人，三途苦惱逼迫是為飢，無常之中有人天果報，如糞中的菴摩羅果。故，三藏菩薩於三祇百劫之中，以有漏心修學事六度，其意義等同是蔽（障礙）。

（二）析空觀的三通相

1.道、滅：若在各種見惑之起心動念中，了知無自性空的本質是無常變化、沒有自主性、主宰性，能去除造業的煩惱心，沒有造業的因就不會有造業的果報，是名為道，因為道，故能滅除諸惑！

2.因緣滅：若能了知四諦理之實相就不會有無明，沒有無明就不會有老死之輪迴流轉了。

3.六度備：既無無明的因緣，就能捨去世間的一切慳貪等六蔽的執著，到達涅槃的彼岸了。

若能以此四諦、十二因緣、六度檢視修道中之通塞相，方能於道上有所成就。

（三）體空觀的三塞相

從體空觀來說，能體會諸見當體即空及能觀照的心也是無自性空。如羅漢的心已無三界之見思惑，但尚稱為無漏的五陰而已，何況是我們凡夫執實、執有的五陰身？故，五陰乃一切斷惑之根本也。

1.苦、集：若是執取五陰是實有，則造煩惱業，因而流轉生死。
2.因緣：若不能了達五陰的四諦相即是無明，有了無明則不免生死輪迴
3.六蔽：若愛著空觀智慧不能行捨，則成為修道的障礙，其他蔽害也是如此。

（四）體空觀的三通相

從通的角度來說，能以體空觀一一檢視能觀的心與所觀的境，若有苦、集、因緣、六蔽等煩惱執著，要一一破除，若能破除障礙就能成就，去除見思惑的障礙即通

三百由旬，斷見思惑也。

接著，用豎（前後）、橫（同時）檢視從空出假的障礙、通達相也就容易理解了。從病因、藥方、授藥的方法一一檢校，明了四諦、十二因緣、六度之通塞相，則能成就四百由旬，斷塵沙惑也。

又再以豎（前後）、橫（同時）檢視中道正觀，於無明、法性真緣、三假上破除障礙，通達實相，一一檢校能觀的心與所觀的境，於四諦、十二因緣、六度中去除無明，則能成就五百由旬，斷無明惑也。

前所說為次第三觀之識通塞相，若能如此檢視，於通教六地、別教初地，經阿僧祇劫的修行，方到實相的寶所（佛地），此是豎（前後）的三諦相。如《涅槃經》說：須陀洹（初果羅漢）的行人要八萬劫方到寶所，乃至辟支佛要十千劫方到寶所。

又從三觀的角度，橫（同時）論通塞。如《大品般若經》說：有菩薩從初發心即與薩婆若（空慧）相應，破除四諦、十二因緣、六度之塞相，得過三百由旬，斷見思惑也。又說：有菩薩從初發心即能遊戲神通、淨佛國土，此是從空出假意。若初發心即修假觀，亦用四諦、十二因緣、六度來檢視能觀的心、所觀的境，破除障礙，得過四百由旬，斷塵沙惑也。又有菩薩從初發心即坐道場，成等正覺，此即是中觀意。於初發心中即修中道正觀，亦用四諦、十二因緣、六度來檢視能觀的心、所觀的境，破除障礙，得過五百由旬，斷無明惑的佛地。

於三觀中，空觀如步伐，假觀如乘馬，中道觀如神通，此乃次第三觀修道相貌。通塞於即空、即假二觀中，破除見思惑與塵沙惑，雖然於除惑當下是通，但相對中觀時，仍然具有無明，故稱之為塞。中道觀雖比空假二觀殊勝，名為通，若不解、不達空假二觀，仍然稱為塞。各種修道的層次於法相上有深淺不同，但皆有通與塞的情形，縱使是於中道觀中生起苦、集、無明、六蔽，也還是修道上的障礙。

若以一心三觀觀法相，即破豎（前後）之通塞，以三觀一心能破橫（同時）中之通塞。一心三觀、三觀一心，雖於文字上不同，其道理是一樣的。空觀中具足三觀，如步伐山壁，破三百由旬之通塞；假觀亦具足三觀，如乘馬，破四百由旬之通塞；中道觀的三觀，如神通，破五百由旬之通塞。

於一心中，能即空、假、中三觀，一切山河、石壁、眾魔（天魔）、群道（指外道或偏小乘者）皆如虛空。一心三觀於修道各種法相中通達無礙，過五百由旬，到佛地的寶所。若於一一法中、一一心中皆即空、即假、即中，具足四諦、十二因緣、六度，是名無通無塞，雙照通塞。所以，有智慧的人能善知法相，如良醫知病得失。於無生門識通塞的內容就是如此，假觀門與中道觀門也是如此！

已介紹識通塞的內容，以下是對通塞的小結及簡擇橫、豎、通、塞的關係：

通塞、得失、字非字，是一還是異？此是一意，有種種說法也有差別。通塞是從解來說，得失是從行來說，字非字是從教來說。

約解：解釋圓融無礙、沒有執著，是名為通；解釋偏而起執著，是名為塞。

約行：理解是修行根本，正確之行由解而生，由解說偏圓之理令修行知得失。

約字：字即教也。有名有實，名為知字；有名無旨，名為非字。例如蟲食木，有成字者，此蟲不知是字、非字，有智慧的人見到此種情形不會說是蟲了解字義。

《金光明經》說：「正聞、正聽，正分別、正解於緣，正能覺了。」這其中，知字非字是正聞、正聽，知道得失是正分別、正解於緣，知道通與塞是正能覺了。雖然有這樣的分別，但同是顯發實相！

那麼橫塞時，塞豎通嗎？豎塞時，塞橫通嗎？橫通時，通豎塞嗎？豎通時，通橫塞嗎？依之前所說的內容來講，四諦、因緣、六度，名為橫通。苦、集、無明、六蔽，名為橫塞。先空、次假、後中，名為豎通。見思惑、塵沙惑、無明，名為豎塞。

這四者的關係，一往，然；二往，不然。從第一層次而言（一往）：無明即是見思惑，即是橫的障礙，中道觀的智慧對治一切，即能通橫（同時）塞。從第二層次而言（二往）：見思惑中，苦、集、無明、六蔽唯障於真諦，不能障中道。真諦的諦、緣、度，但能破見思惑，不能破無明。無明自障中道故，不關真諦。中道智破無明，亦不關見思惑，是故說豎義對當別。

依橫豎之通塞而言：橫（同時）的障礙較近，不能障礙豎（前後）的通；橫通的力量弱，不能使豎（前後）的障礙去除；豎（前後）的障礙深遠，故不能作為橫的障礙；而豎（前後）通達，不能去除橫（同時）的障礙。以比喻來說，橫如橫坐標，豎如縱坐標。橫如融會，豎如貫通。塞為不融會、不貫通。

【註】

1 四句：即是塞中有通、通中有塞、塞自是塞、通自是通。

2 五下分結：即三界中之下分界（欲界）的五種結惑，繫縛眾生，令其不得超脫其界。即(1)欲貪：於順情境上生起貪著之心而無有厭足。(2)瞋恚：於違情境上生起瞋恨之心而不能自已。(3)身見：於名（心）、色（色身）、五陰、十二入、十八界等妄計為身，執著我見。(4)戒禁取見：取執非理無道之邪戒。(5)疑：迷心乖理，狐疑不決，由此疑惑而迷真逐妄，背覺合塵。

3 五上分結：於三界中之上下二界各有五種結。五上分結即上分界之色界以及無色界之五種結惑，繫縛眾生，令其不得超離其界。(1)色貪：貪著色界五妙欲之煩惱。(2)無色貪：貪著無色界禪定境界之煩惱。(3)掉舉：上二界眾生心念掉動而退失禪定之煩惱。(4)慢：上二界眾生恃自凌他憍慢之煩惱。(5)無明：上二界眾生耽著禪定而於真性無所明了之煩惱。

4 六蔽：覆蔽吾人之清淨心有六種惡心，即(1)慳貪心：指眾生因慳吝蔽覆於心，不能行於布施。(2)破戒心：不能堅持禁戒。(3)瞋恚心：指眾生由瞋恨忿恚蔽覆於心。(4)懈怠心：不能精進勤修聖道之行。(5)散亂心：指眾生由散亂蔽覆於心，妨礙禪定。(6)愚癡心：指眾生由愚癡蔽覆於心，而無智慧。

道品調適

十乘觀法中的第六項是道品調適，所謂道品調適乃是藉由三十七道品的調適以契入真理。第六觀名道品調適，主要針對第五觀識通塞時，尚未通達真性（空性），不知道哪一個法門與我比較相應，故一一調適三十七科道品，選擇適合自己根機的法門，修之而入道。中根人從第一觀觀不可思議境至此第六觀的道品調適必能證入真諦。道品調適分道品當分、道品相攝、道品階位、道品相生四項說明。

一、道品當分

指四念處、四正勤、四如意足、五根、五力、七覺支、八正道分。四念處指身念處、受念處、心念處、法念處，依此四念處來觀身不淨、觀受是苦、觀心無常、觀法無我。四正勤指使心念上，已生惡令永斷、未生惡令不生、未生善令生、已生善令增長。四如意足指欲如意足、精進如意足、念如意足、思惟如意足。五根能生一切善法，信根、精進根、念根、定根、慧根。五力能破惡成善，信力、精進力、念力、定力、慧力。七覺分為七種善法之覺受，擇法覺分、精進覺分、喜覺分、除覺分、捨覺分、定覺分、念覺分。八正道為八種修習聖道的方法，正見、正思惟、正語、正業、正命、正精進、正念、正定。

二、道品相攝

指三十七道品的七項中，彼此相融、相攝的關係。

三、道品階位

於修道階位上，四念處於藏通別圓四教上，各以念處為位，判在外凡位。四正勤是煖位[1]，四如意足是頂位[2]，五根是忍位[3]，五力是世第一法位[4]，七覺支是修道位，八正道是見諦（真諦）位。

三十七道品

四念處	外凡位
四正勤	煖位
四如意足	頂位
五根	忍位
五力	世第一法位
七覺支	修道位
八正道	見諦位（見道位）

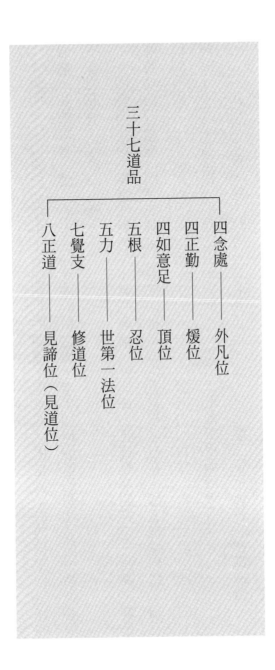

四、道品相生

說明三十七道的七項中，彼此相生的關係。因修四念處是為了對四聖諦做更好的取捨，在觀察身、受、心、法四念處的道之後，產生如何取捨的想法並努力精進善與不善的取捨，故修四正勤。

因修四正勤，精進於對善、不善的取捨，就能修出正確無誤的禪定，此禪定就是殊勝功德的基礎，即是四神足。有了四神足方生五善根之自在。修五根達到煖、頂五根的基礎上，才能達到忍與世第一法的五力。串習五力的智慧，會達到現證空性的七菩提分。有了七菩提分現觀的道，方能入八正道，是名善巧調適。

八正道具足戒、定、慧等，皆名為正道。戒、定、慧三學是佛教的實踐綱領，八正道歸納起來亦不出戒、定、慧三無漏學。正見、正思惟屬於慧學；正語、正業、正命屬於戒學；正念、正定屬於定學；正精進通於戒、定、慧三學。

八正道以正見為首，說明學佛應當以智慧為前導才不致迷失方向，這是以修行的次第而言；若以修行的目標來說，正定才能離惑、證真。

要修得正定，則須借助正見至正念等前七支為緣，也就是說有了正知正見，發乎於身的行為才能遠離殺、盜、邪淫，合於正業、正命、正精進；發乎於口的語言必然是不妄語、不兩舌、不惡口、不綺語的正語；發乎於意的正確思想才能遠離貪、瞋、愚癡的無明妄念而起無瞋恚、無害想的正思惟及憶念正道的正念；如此身口意三業清淨，自然能入於無漏清淨的正定而獲得解脫自在，所以說八正道是正覺解脫的正道。

《大智度論》言：「清淨心常一，如是尊妙人，則能見般若。」是為相生，亦是調適，所以須要此三十七道品。

前面所說，雖然已破法遍、識通塞，若不調適修道的次第，如何能急速與真諦法相應？真諦法名為無漏，三十七道品於修道中尚屬有漏法，有漏法能作無漏的方便，若失去方便，真理就難體會了。如釀酒，發酵的溫度適中的話，水能釀成酒，麴麥溫度失調，就會失去該有的味道了。

以上解說三十七道品相生中，欲到達真理無漏的涅槃門，有賴於三十七道品來協助，以下引證經典說明三十七道品有正道、助道之別：

行人或問：三十七道品是二乘法門，如何是菩薩道？《大智度論》呵責此種問難，並說：何處說三十七道品只是聲聞、辟支佛法而不是菩薩道？佛說四念處乃至八聖道分是摩訶衍（大乘）三藏，也不說三十七道品獨是小乘法。

《淨名經》說：「道品善知識，由是成正覺。」道品是道場，三十七道品是道場，亦是摩訶衍。《涅槃經》說：「能修八正道者，即見佛性，名得醍醐。」《大集經》說：「三十七道品是菩薩寶炬陀羅尼。」受持專憶四念處，精進獲得四正勤，莊嚴成就四如意，是名寶炬陀羅尼。成就五根及五力，一切邪風不能動，修集無上七覺分，是名寶炬陀羅尼。如此等經皆說明三十七道品是大乘法，何時獨說它是小乘？

以下解釋為何三十七道品是大乘法的原因：

大涅槃（大乘）的修道因除三十七道品之外，沒有別的助道品，如苦集滅道之四諦[5]外，更沒有所謂的第五諦。因為一種的苦、集，如爪上土那麼多，分別苦、集的內容都各有無量相，如十方土一般，故有十六門，依十六門分析即有無量相。

又，有漏的三十七道品，於欲界是二十二[6]、未到地是三十六[7]、初禪具足三十七，皆是有漏的助道品，如乳。若依此譬喻，三藏教的道品如酪，通教的道品如生酥，別教的道品如熟酥，圓教的道品如醍醐（此乃出自《涅槃經》），故除了三十七道品外，更沒有別的助道法也。此依涅槃五味來比喻的。

又，究竟三十七道品是正道還是助道？有時是正道，有時是助道，隨其對修道的相助深淺而有所區別。《大智度論》說：「是菩薩道。」《大智度論》云：「何以故於菩薩道中說聲聞法？答曰：菩薩摩訶薩應學一切善法一切道，如佛告須菩提：菩薩摩訶薩行般若波羅蜜，悉學一切善法、一切道，所謂乾慧地乃至佛地是九地應學而不取證，佛地亦學亦證。」此文所說的是正道也。《淨名經》（《維摩經》）說：「道品善知識，由是成正覺。」此文所說是助道也。

三十七道品若是有漏的，依前所說，為何說七覺支是屬於修道位[8]？《法華經》說：「無漏根力是覺道之財。」因為透過七覺支可修一切法，成就聖財。既然七覺支是修道位，為何八正道（見道位）會在七覺支之前？這句話要從三個角度說明：

1.三十七道品皆是有漏。《大智度論》說：「修八正道得初善的有漏五陰，善的有漏五陰即是煖法[9]，煖法之前仍然可以修學八正道。」修道者初修出離世間煩惱的方法是繫心憶念於四念處，為求此法門成就，精勤修之，名四正勤，能專注一心修，名四如意足，由此生起五善根生，名五根，令道根增長，名五力，分別修道上的應用善巧，名七覺支，安穩於道中實踐，名八正道，如是修為能得有漏的五陰，故此三十七道品皆是有漏的。

2.三十七道品皆是無漏。從見諦（見道）的立場思惟所修的道品皆是無漏，以見道的空慧見一切法，所見皆是無漏的無自性空。

3.三十七道品亦有漏亦無漏。《大毗婆沙論》說：「若八正道在七覺支之後，亦得是有漏、亦得是無漏。」假使八正道在七覺支之後，八正道是見道的無漏位，那三十七道品就成為無漏的；若不依八正道入見道位，一切的道品皆成為有漏的。故八正道在七覺支之後，其意義不定。

今以圓教無作道諦的立場，以一心三觀來觀三十七道品：

三觀於一心中，四念處皆是即空、即假、即中，更進一步說明，四念處是大乘兼小乘教之重要意涵。

《大品般若經》說：「若以一切種智來修四念處，四念處即是法界，能攝一切法，一切法也都攝於四念處中。因於一切種智中，趣或不趣都不可得故。」如《華嚴經》說：「譬如大地是一，能生種種芽。地是諸芽之種也。」此乃說明四念處具足一切法，一切法即是四念處的境，如同大地能生種種芽一般，以下引經證說明。

《法華經》說：「一切種相、體、性皆是一種相、體、性。何謂一種？即佛種相、體、性也。」如經文所述：「如來知是一相一味之法，所謂解脫相、離相、滅相、究竟涅槃常寂滅相，終歸於空。」以十如是來觀一切法，一切法不離百界千如的範疇。

又，一切卉木、叢林及諸藥草，比喻為修道上的七方便[10]，而雨水遍灑大地，如植物的種性大小，具足蒙潤各得生長。如來說法一相一味，所謂解脫相、離相、滅相，究竟至於一切種智也是如此。

以下，以圓教一心三觀的立場觀照四念處的內容：

（一）四念處

身念處的四種情況，現在的一念心生起不思議的中道觀即是一切種智，一切種智的智慧於十法界中是不相妨礙的。若從法性因緣的角度來觀察，一種智慧與一切種智的智慧是無二無別的，觀一色相就等同觀一切色。若從法性空來觀，一切色的無自性空與一色的無自性空，兩者是相同的，則觀一空即觀一切空。從法性假的角度來看，一色即是一切色，一假即是一切假。從法性中道的角度，即非一也即非一切，雙照（同時）一即雙照一切，亦名非空、非假，雙照（同時）空、假，則一切非空、非假，雙照（同時）空假。九法界，色即空、即假、即中也是如此，是名身念處。如次頁圖：

身念處	
法性因緣	一種一切種——一色一切色
法性空	一切色一色——一空一切空
法性假	一色一切色——一假一切假
法性中道	非一非一切，雙照一雙照一切； 一切非空非假，雙照空假； 非空非假，雙照空假。

以此類推，受念處、心念處、法念處也是如此觀照。

如是四念處的力用廣博，義理上兼顧大小乘之教義，俱破八種顛倒。此八顛倒包含凡夫執取世間無常為常、苦以為樂、無我以為有我、不淨以為清淨的四顛倒，破除四枯的念處以及二乘人誤以出世間的常、樂、我、淨為無常、苦、空、無我的四榮念處。遠離四榮、四枯的顛倒見方能進入中道涅槃，這種情況下又名坐道場，又稱摩訶衍，是名法界，而對治顛倒的法藥即是此四種念處。

觀法性的智慧，名為念，一諦理即是三諦理，名為處，故，真正的法藥實際是空，依四榮、四枯的顛倒見，也是畢竟空寂，依此成立遠離四枯與四榮的兩邊，即入中道。

於三十七道品中，已從一心三觀分析四念處的法義，接著說明四正勤、四如意足、五根、五力、七覺支、八正道在三十七道品中彼此的關係和重要性以及初發心的修道者觀法性理，如何行三十七道品入四種三昧的菩薩位。

於大地中能生出種子芽，有種子芽後能生長根莖，有根莖後枝葉茂盛就能開花結果，在法性的佛法世界中也是如此。四念處是種子，四正勤出芽，五根是根莖，五力是枝葉茂盛，七覺支是花開，八正道是結果實，所結的是無生法忍的果實，實至成佛的寶所見佛性也。

對治顛倒之法可依次修四正勤、四如意足、五根、五力、七覺支、八正道，若前一項不能進入禪法的話，即再求次一項的禪法來修。以下分別解說各項意義：

（一）四正勤

以精進心勤觀四念處，名正勤，可滅除二世惡、生二世善。

滅惡方面：自身本有見思惑，名已生惡，以空觀觀之，令見思惑不生，名勤精進。而塵沙惑、無明惑是未生惡，以假觀、中道觀觀之，令未生的塵沙惑、無明惑不生，名勤精進。竭盡心力行四種三昧，遮除此已生惡及未生惡之二惡。

生善方面：一切智，名已生善，此善透過空觀可獲得，故說涅槃道容易得。道種智、一切種智，名未生起的善，此兩種分別智不容易生起。空觀的智慧已生起，應勤加令它增長；中觀的智慧未生，也應該精勤令它開發。空觀、假觀、中道觀，此三觀並非隔閡的，獲得空觀的目的只為生起道種智與一切種智的智慧。依此四正勤來修亦能悟道，故說一心勤精進故，可獲得三種菩提[11]，不須其他法門。

之前提到四正勤一心三觀的觀法，能讓行人進入涅槃境界，若是不能入者，是行人不夠精進，心過於散亂的緣故，此時，則必須善調心念，審察、觀照心性，使心寂靜，名為上定，於上定中修習欲、精進、心、思惟等四如意足。

（二）四如意足

欲如意足：希慕所修之法能如願滿足。定中觀察智慧，如密室中的燈，照明物品了了分明。以觀照明了斷除行為缺失而成就，是名修如意足。

精進如意足：於所修之法專注一心，無有間雜，能如願滿足。

心如意足：於所修之法記憶不忘，能如願滿足。

思惟如意足：心思所修之法不令忘失，能如願滿足。

若能如此修持定心而入就不須其他法門，若是不能入者，應當進修五根。

（三）五根

五根，根即能生之意，此五根能生一切善法。1.信根：篤信正道及助道法，則能生出一切十力、無畏、解脫三昧、無漏禪定解脫，若能如此就不須要再修其他法門。2.精進根：修於正法，無間無雜。3.念根：乃於正法記憶不忘。4.定根：攝心不散，一心寂定，是為定根。5.慧根：對於諸法觀照明了，是為慧根。若勤修五根也能入道成就大乘法門。

（四）五力

修持五根若不能入者，再進修五力。令善根增長，遮除各種煩惱，是名為力。五力，力即力用，能破惡成善。1.信力：信根增長，能破諸疑惑。2.精進力：精進根增長，能破身心懈怠。3.念力：念根增長，能破諸邪念，成就出世正念功德。4.定力：定根增長，能破諸亂想，發諸禪定。5.慧力：慧根增長，能遮止三界見思之惑。若勤修五力也能入道成就大乘法門。

（五）七覺支

修持五力不能入道者，要用七覺支來調和，七覺支又作七覺分、七覺意。1.擇法覺分：能揀擇諸法之真偽。2.精進覺分：修諸道法，無有間雜。3.喜覺分：契悟真法，心得歡喜。4.除覺分：能斷除諸見煩惱。5.捨覺分：能捨離所見念著之境。6.定覺分：能覺了所發之禪定。7.念覺分：能思惟所修之道法。

修此七覺支即得以入道，《大智度論》說：若遠離五蓋，專修七覺支不能入道者，無有是處。此即是強調七覺支的殊勝。三十七道品中，若能勤修，每一項都能入道。之前提到依次修學四正勤、四如意足、五根、五力、七覺支皆可入道，若修七覺支不能入道者，要進修八正道。

（六）八正道

八正道又作八聖道、八道諦。1.正見：諦觀三諦理。2.正思惟：心無邪念，以此發動觀三諦理。3.正語：言無虛妄，自他都能得利。4.正業：住於清淨善業。現在所說的立場，沉滯於空慧中，即是黑業；能出假度眾，即是白業；沉著於空觀與假觀的智慧，即是雜業；而中道是非白非黑業，這些皆算是邪命。若有因緣業力，能隨因緣業力行善，行善時也不執取，名為正業，正業是不執著有無二邊。5.正命：見他人得利，心不生熱惱，而對於自己得利，常常能足，是為正命。6.正精進：修諸道行，能無間雜。7.正念：能專心憶念善法。8.正定：身心寂靜，正住真空之理。修持八正道就能進入真諦理，《涅槃經》說：若有能修此八正道，即能獲得醍醐。

《大智度論》說：四念處中，四種精進，名四正勤；四種定心，名四如意足；五善根生，名為根；根增長，名為力；分別四念處道用，名為覺；四念處安穩道中行，名八正道。故知初心行道的人用三十七道品調養止觀，修四種三昧能入菩薩位，如此三十七道品是接近大涅槃之因，其餘各種修道法門被稱為遠因。

以譬喻來彰顯此中意義。植物種子於地下，芽初開時，根是往下生長，枝葉是向上伸張，它的花向四邊生長而結果實。法性、法界譬如大地，四念處觀如種子，四正勤如抽芽，五根如生根，五力如莖葉增長，七覺支如開花，八正道如結果。結果者，即是入銅輪位[12]，證得無生法忍，亦稱至寶所、入祕藏、得醍醐、見佛性、法身顯八相作佛等，透過三十七道品的修習能成正覺，即是此義。

之前，以枝葉茂盛、開花、結果來譬喻修道品的層次，一般教義皆以道樹作譬喻，如《大品般若經・道樹品》說明因菩薩摩訶薩得離三惡道，是為葉益眾生。菩薩得生剎利大姓、婆羅門大姓、居士大家、四天王天處乃至非有想非無想處，是為華益眾生。菩薩得一切種智，令眾生得須陀洹果、斯陀含果、阿那含果、阿羅漢果、辟支佛道、佛道，是眾生漸漸以三乘法於無餘涅槃而般涅槃，是為果益。此乃偏空來解釋。

若是從假觀而言，二乘的聲聞、緣覺境地，屬於葉益；具神通變化的菩薩，是屬於花益；具道種智的菩薩，屬於果益。從中道觀的角度，遠離二邊的束縛，是得葉益；證得法身，是得花益；證入佛性，是得果益。若從三觀來說，空觀是得葉益，假觀得花益，中道觀得果益。

以下說明三十七道品的作用：

修行三十七道品可以進入無漏的涅槃城，此城有三個門，進入此門能證發真諦實相，所謂空門、無相門、無作門，也稱三解脫門，又名三三昧[13]。

若從正見、正思惟入定，從定中引發無漏，這時正見的智慧譬如大臣，正定譬如大王，《大智度論》云：「譬如王來，必有大臣隨從，三昧如王，智慧如大臣，餘法如隨從，餘法名雖不說必應有。」因此得名為三三昧，沒有智慧的觀照是不可能引發禪定即是此意也，或因此三昧調伏煩惱、或因此三昧斷除煩惱而證道，此乃與定慧和合，故得解脫。

藏、通、別、圓四教，同樣是解脫三昧，但空、無相、無作三門的層次不同，解釋如下：

將三解脫門作為實踐原理是大小乘佛典所共通的，空、無相、無作三者，雖然可稱為三三昧，但是三三昧是有漏法、無漏法共通的，而三解脫門只通無漏法。

所謂空門，謂觀無我、無我所，一切諸行都不真實，是無常、是空。所謂無相門又作無想，謂因觀空故，不執著於相。所謂無作門，因觀無相故，於未來死生相續，無所愛染願求。

若是三藏教，於苦諦下四行相中的空、無我，是屬於空門；滅諦下的滅、靜、妙、離的四行相是屬於無相門；集諦的集、因、生、緣及道諦下的道、如、行、出及苦諦下的苦、無常，是屬於無作門。

為何苦諦的空與無我二種行相是屬於空門？在苦諦中的四種行相是苦、空、無常、無我，在空行相中，觀五陰一相、異相皆是無自性故，所以是空。在無我行相中，觀五受陰中，我、我所的法皆不可得，所以是無我行也。故，空與無我屬於空門。

於無相門中，滅諦下的四行相：滅行相者，觀涅槃諸煩惱火滅，故名滅。盡行相者，觀涅槃種種苦盡，故名盡。妙行相者，涅槃一切中第一，故名妙。離行相者，觀涅槃離世間生死法，故名離。因此，離此四行相是無相門。

於無作門中，包含集諦四行相、道諦四行相與苦諦的苦與無常二行相，觀其無生就無所作，是名無作門。

集聖諦有四相：因、集、生、緣。牽引義，故因；出現義，故集；滋產義，故生；為依義，故緣。譬如泥團、輪、繩、水等眾緣和合，共同成就一個瓶子等。

道聖諦有四相：道、如、行、出。通行於涅槃義故道，契入正確的真理故如，正確趨向涅槃故行，能永超生死故出。

苦諦下的苦與無常二行相：苦行相者，觀五受陰無生，故無所作。無常行相者，觀五受陰因緣生，新新生滅的無常本自無生，故無所作。

藏教的三解脫門，空門、無相、無作門，還是立於生滅的角度來說的。

通教的三解脫門，說明苦諦及集諦皆如幻化，即是空門。《釋論》古本說：「若觀極微色，則有十八空。」今本說：「若觀一端疊（氎），則有十八空。」《大智度論》：「疊中有十八空相，故觀之便空。」疊（氎）是假名，極微是真實的法，以此為不同。若得知此種意義，不管是假名或是實法都是無自性空也。

假使尚未進入空門，觀照世間種種情想、戲論皆具空相，若知道空本身也是無自性空，是名無相門。空相雖然是空，尚須有觀照的智慧，空相既然已無能所，誰作空觀？是名無作門。既然無作者，誰生起願求？又名無願。

通教的三解脫門是站在無生的角度來談此三門，別教的三門是以通相與別相來說明。通相，即是一般的三三昧；別相，以菩薩的從空出假作觀照。

通相：別教從假入空證入真諦，名空三昧。二乘也證入此空，猶有空相的執，而菩薩知空，不執著空而以假觀利益眾生，已無空相執，是名無相三昧。若菩薩進修中道，不執中、邊相，也不求中、邊，名無作三昧。

別相：菩薩的從空出假意，善分別無量藥方、病狀，皆是假名，假名無實在性，沒有真實性故空，是名空門。空尚且沒有空相，何況有假相？故名無相門。空、假無相，也不願求知病、識藥，故名無願（無作）。雖用藥方、知病狀，但知皆是空寂，是名不願。

圓教的三昧，名稱雖然與前三教相同，但意義上大不相同，《大智度論》說：聲聞緣空，是修三解脫；菩薩是緣諸法實相，來修三解脫。有智慧的人能見空與不空，此空、不空，又名中道，若能見此空與不空，即見佛性。《大般涅槃經》云：「智者見空及與不空、常與無常、苦之與樂、我與無我。空者一切生死，不空者謂大涅槃……乃至見一切無我，不見我者不名中道，中道者名為佛性。」

之前，簡單說明圓教空的意涵，以下解釋二乘與圓教圓觀夢事中，內空、外法空，名稱相同，但境界是有差別的，並以佛陀說法的五時教為例子，雖然佛陀所說內容相同，但眾生隨根器各得其解。

首先辨別大小乘十八空的差異：

二乘人觀照十八空，如觀夢中事一般的虛幻。夢中，所感受到的事不可得，名內法空；夢中，所遇到事也不可得，名外法空；乃至夢中有十八不可得，名十八空。

從大乘圓觀的角度來觀照，睡眠中的一切事皆不可得，從睡眠所生的一切感受皆不可得，名內法空；從睡眠中所生的一切外在事也不可得，名外法空；乃至睡眠中有十八種事不可得，名十八空。

一切法也都是具內法空、外法空乃至十八空的特性，經歷十八種因緣就有十八種因緣的無自性空，縱有十八種因緣的空，但究竟都是一種無自性空，這所謂的一空即是法性的實相，也就是諸佛所說的真理。

圓教行人觀一切法如觀睡眠中的夢事，一切法如同無明，夢中事猶如世人取相，取相是枝末煩惱，無明是根本煩惱，所以夢中事必須依睡眠才會生起，故觀照無明無自性即是實相，若觀照世間虛幻之相亦能見到真理。

故從圓觀的角度來說，觀一門即是觀三門。觀空門時，即具足無相、無作二門觀義，乃至觀一切法也是如此。當知圓滿一解脫門，即是圓滿三解脫門，三種解脫門也是在一種解脫門中具足，此三門即是一門，一門即是三門。又於藏、通、別、圓四教中，皆修三解脫門，但互不妨礙。又從別教的菩薩立場來說，雖有修行的前後次第，但與圓教相同，都是趨緣實相。

但別教又不同於通教，而通教雖緣空諦理，但也與藏教不同，藏教緣四諦的智慧，故知有三解脫門及三十七道品，所以三解脫門及三十七道品於藏、通、別、圓四教同修，每個階段都有區別，行人應該要善加識別。

其次從天台教判五時中的五味譬喻解說：

三十七道品之初為四念處，談枯、榮是表示四念處的層次問題。枯，消極性的去執，近灰身泯智的枯寂；榮，積極性的斷惑外，又能不著相。

尚未解說五時枯、榮之前，先略述五時意。智顗大師施設世尊一代說法為五十年，從五時來判釋其說法的順序。法華涅槃時的說法是佛陀最後的說法，而且《法華經》是開顯佛陀根本精神最高價值的經典，此乃天台教判的特色。五時的內容上，以《涅槃經》的五味，乳味、酪味、生酥、熟酥、醍醐及改造《華嚴經・寶王如來性起品》的日光三照譬喻，高山、幽谷、食時、禺時、正中，來區分五種不同說法的根機。

（一）第一華嚴時

是《法華經・方便品》所說，佛成道後，三七日間，為文殊、普賢菩薩等大弟子及根熟的天龍八部專說大乘法門的《大方廣佛華嚴經》，意謂以萬行來莊嚴佛的果德。此時佛陀所開示的法是自內證，顯示一真法界重重無盡緣起的理法，萬物萬象的根本道理。此時佛陀所說的法如初升的太陽照在高山一樣，亦如剛從母牛身上擠出的鮮乳一般清純。會中只有文殊、普賢等大根器菩薩能承受這項法益，而舍利弗等大聲聞卻如聾如啞。

然在華嚴時的思想內容、教理上是屬圓兼一別，即圓教中兼帶別教法門，如日先照高山，五味中的乳味。若從大機看來，此法可謂醍醐也，但在小根機立場卻無法了解，而如聾啞之狀態。

（二）第二阿含時

又名鹿苑時，因處立名。是《長阿含》、《中阿含》、《增一阿含》、《雜阿含》等四部阿含經說法的時期。因為華嚴會上的聲聞不契大教，所以不得不隱大現小，為實施權，說了十二年的《阿含經》。此時，佛陀自菩提樹下至鹿野苑為憍陳如等五比丘轉說小根機的四諦、十二因緣、六度等三乘法。

此時說法如牛乳中的生酪，教法內容的優劣由乳之濃淡來顯示，亦如日照幽谷。依《法華經・信解品》的長者喻而言，長者從直接與窮子交涉失敗後，再以適合窮子根性的方法來誘引之階段。鹿野苑時的說法，但說小乘，使證得灰身滅智的阿羅漢果。

（三）第三方等時

所謂方等即是方廣、平等之意，是一切大乘經的通稱。方等時說法的目的是針對第二時說法，讓小根者證得阿羅漢果，此非如來化導的本懷，故重新對大小二乘說人人可以悟得平等的大法，即是所謂方等教。

方等時的說法內容，對聲聞、緣覺、菩薩的三乘根機，今說大乘的菩薩教法，此乃佛陀的根本精神，讓聞小乘教外，能知曉大乘甚深微妙之法，而讚歎大乘放棄小乘法，生起仰慕大乘的心，並使所有聽眾皆歸向大乘，此乃方等經典的特色。

故大乘經典盡是以方廣均等，大小對破而彈偏斥小，歎大褒圓，使其恥小慕大，趨向大乘為旨趣。屬於方等時的經典範圍很廣，智顗大師特舉出《維摩經》、《思益經》、《金光明經》、《勝鬘經》等，而以《維摩經》為代表。

《維摩經》的〈弟子品〉、〈菩薩品〉中，舍利弗、大目犍連、大迦葉等諸大弟子，過去皆曾受到維摩詰的彈呵。或於第六〈不思議品〉中，維摩詰的室內，運來三萬二千由旬高廣的師子座，諸弟子不得登座，及第七〈觀眾生品〉天女散花，由於諸大弟子的餘習起分別執著的心，使天花著身不離，而給予種種教說，此乃本經的特色。

綜合《維摩經》等之教說本意，彈呵的內容有三重：第一重，依大乘立場對小乘三藏教的彈呵；第二重，依別圓二教立場對大乘初步的通教給予之彈呵；第三重，依圓教立場對前三教之彈呵。此時如日照平地的食時（午前八點），如乳酪精製後的生酥。如《法華》的長者窮子譬喻，窮子出入長者的府內，已無恐怖之畏懼心了。

（四）第四般若時

佛陀為蕩空破執，開示真空實相而宣說《般若經》，故第四時以經題立名。般若時的說法目的是為說一切皆空的真理，以空的智慧水來洗滌執情。因為諸小乘人在方等會上種種彈斥，雖然心慕大乘，但執情未消，不敢直下承當，所以佛陀不得不在般若會上，淘汰揚棄，遣除餘執，使之融通轉入中道實相之門，為法華會上授記作佛的前提。

般若時的說法如日光次第上升，經食時而到禺中（午前十時左右），漸漸的廣泛普照大地，亦如《涅槃》五味中，由生酥精製後的熟酥，又如長者病重，知已不久離世，由窮子領納財產而予以管理。

依智顗大師對第四時的說法，置《般若經》於具「法開會」而無「人開會」的點上，作為具「人法兩開會」的法華時前階段。此時，依佛陀說法形式上來說，是屬漸教之最後，含不定教與祕密教的形式在內，說法的思想內容上，挾帶通教、別教、圓教之理。

（五）第五法華涅槃時

前分是《無量義經》中，四十年未顯的真實，即說了八年的《法華經》，後分是一日一夜中，所說的《涅槃經》，即是所謂的法華涅槃時。《法華經》顯諸法實相，《涅槃經》說法身常住，雖然表現的方式不同，但共同是解明現象即本體的思想，故兩經是同等價值的。

法華涅槃時的說法是到達開顯佛陀根本精神，展述如來出世本懷的時候。在般若會上，隔別、淘汰大小二乘執情，未調熟根機，現以「人法俱開會」的融會而演說真實的法門，再以《涅槃》的說法總括釋尊一代五十年的教化及拾遺未聞鈍根行者，使其同蒙法益，故如日照大地，無側影的正中（正午十二點），即五味中熟酥精製後的醍醐味。

以上是天台五時判之概要。五時所說，針對佛陀所說教義之深淺，權實歷然不亂的組織，從最難濟度的聲聞二乘，經過擬宜、誘引、彈呵、淘汰以及開會的調熟過程，配以乳、酪、生酥、熟酥、醍醐五味的教法濃淡，依五時而次第相生。

枯榮是天台教學中，對常、樂、我、淨相的說明。凡夫執取世間無常為常、苦以為樂、無我以為有我、不淨以為清淨的四顛倒，是四枯念處；二乘人誤以出世間的常、樂、我、淨為無常、苦、空、無我，是四榮念處。遠離四枯、四榮的顛倒見方能進入中道涅槃。

最後從三十七道品之初的四念處枯榮論五時的說法情況：

華嚴時是敘述佛陀境行果思想的經典，故如日照高山，對於四念處是從圓融佛境的角度來修，《華嚴經．入法界品》唯見彌勒、文殊、普賢廣明圓融，是故偏多四榮，三藏教的教義近灰身泯智，故偏多四枯。

方等時、般若時彈斥聲聞、貶挫權教菩薩，大多調枯以入榮，引小乘而歸入大乘。至法華時，會諸枯榮，入非枯榮，讓一切人等授記作佛，因此「佛陀鶴林施化至此圓滿，於榮枯中間而入涅槃」。

第五時，法華、涅槃同是醍醐味，雖是超越圓頓，但也兼權小，使極鈍根的人來到娑羅雙樹下聽法得度。法華時是正醍醐味，涅槃時猶如捃拾，《涅槃經》廣說常住之理而為捃拾法華所漏之機類。

從人的角度而言，在《涅槃經．師子吼菩薩品》中，師子吼菩薩問世尊：何等比丘能莊嚴娑羅雙樹？

佛舉舍利弗等六人及如來。若見佛性則能莊嚴娑羅雙樹，於其中間而入涅槃。此六人是阿難比丘、阿那律比丘、大迦葉比丘、須菩提比丘、目犍連比丘、舍利弗比丘。

因為阿難能受持讀誦十二部經，正其文句，乃能莊嚴娑羅雙樹。得淨天眼，阿那律也。少欲知足，大迦葉也。無諍空門，須菩提也。善修神通，目犍連也。得大智慧，舍利弗也。

此六人及佛，六人在因位，佛居果位，因果俱得，得莊嚴之名。因果始終，四德具足，是名莊嚴。此六人從多聞乃至大智慧，都能宣說一切眾生皆有佛性，也於法華會上被授記作佛，只是不及佛，故說如來最能莊嚴。不管因人（眾生）、果人（佛），皆具四德（常、樂、我、淨），但因人才開始知有佛性，尚未證得佛性，故唯佛能莊嚴。

聲聞是如此，諸菩薩等處處得入，其意義與聲聞是相同的。觀四念處且觀五陰，若觀五陰成就，即是中間涅槃，此五陰成就就是五解脫，色解脫乃至識解脫。

這其中，眾生本具的正因佛性是不即不離五陰身，一切功德善根以開發正因佛性的緣因佛性，也是透過五陰來修，智與理相應，回歸本自具足之了因佛性，亦是不即不離於五陰身的。眾生、二乘、菩薩、佛之差別，在於三因佛性的層次不同！

【註】

1 煖位：此位可燒除煩惱，接近見道無漏慧而生有漏之善根。

2 頂位：又於動搖不安定之善根（動善根）中，生最上善根之絕頂位，乃不進則退之境界。

3 忍位：確認四諦之理，善根已定，不再動搖（不動善根）之位。

4 世第一法位：為有漏世間法中能生最上善根之位，於次一剎那入見道位成為聖者。

5 四種四諦：四諦依藏、通、別、圓四教來分別，即是生滅四諦、無生四諦、無量四諦、無作四諦。

6 欲界二十二：指四念處、四正勤、四如意足、五根、五力。

7 未到地三十六：三十七道品除七覺支中的喜覺支外，其餘即是。

8 小乘佛教的階位，即(1)資糧位：又分三位，五停心、別相念（各別觀察四念處）、總相念（總觀察四念處）。(2)加行位：即煖、頂、忍、世第一法。(3)見道位：指聲聞初果斷三界見惑，見真空之理。(4)修道位：指第二、三果修四諦道法，斷欲界思惑。(5)無學位：指聲聞第四果阿羅漢，斷盡三界見思惑，真理究竟，無法可學。

9 煖法：係以光明之煖性為譬喻。此位可燒除煩惱，接近見道無漏慧而生有漏之善根，並以此位觀欲界、色界、無色界之四諦及修十六行相而生有漏之觀慧。修至此位，即使退卻而斷善根、造惡業乃至墮入惡趣，然而終必能得聖道而入涅槃。

10 七方便：天台涉於諸教立二種之七方便：第一為：人乘、天乘、聲聞乘、緣覺乘、藏教之菩薩乘、通教之菩薩乘、別教之菩薩乘。此七方便依〈藥草喻品〉三草二木之意而立者。第二為：藏教之聲聞、緣覺二人，通教之聲聞、緣覺、菩薩三人，別教之菩薩，圓教之菩薩也。此七方便是在斷見思二惑上立之。

11 三菩提：(1)就三乘之所得而別，分為聲聞、緣覺、無上正等三種菩提。(2)就佛之三身，分別為應化佛菩提、報佛菩提、法佛菩提三種：①應化佛菩提又作方便菩提、究竟菩提，此菩提以自在之善巧化用為道。②報佛菩提又作實智菩提、清淨菩提，此菩提以稱理之智慧為道。③法佛菩提又作真性菩提、實相菩提、無上菩提，此菩提以實相之理為道。

12 銅輪位：圓教的十住位。圓教於十住銅輪位時，能證得無漏的清淨果報，因為從十住開始，斷除一分根本無明，顯一分中道實相，次第經歷四十二位必能成就究竟佛果。

13 三三昧：(1)空三昧：即觀一切諸法皆悉空虛，為與苦諦之空、無我二行相相應之三昧，觀諸法為因緣所生，我、我所二者皆空。(2)無相三昧：即一切諸法皆無想念亦不可見，為與滅諦之滅、靜、妙、離四行相相應之三昧。(3)無願三昧：又作無作三昧、無起三昧，對一切諸法無所願求，為與苦諦之苦、無常二行相、集諦之因、集、生、緣四行相相應之三昧。

助道對治

十乘觀法中的第七項是助道對治，所謂對治助開，是修道中除修觀的方法外，要兼以事相的實修以對治偏重的事障，以理觀為主，以事行為輔（助），正助合行，不惜生命，誓當克期取證，終不生懈怠之心。因為由事與理的二種修為能對治無始以來的事理二種幻障，所以豁然證入，位相分明。下三根人能在對治助開中，具足十法乘（十乘觀法）。

前三十七道品開三門（空、無相、無作），分別為利根的遮障、鈍根的遮障人作道品的調適，現今在助道對治中，以六度來對治六蔽，並分析六度與諸善法之間的相攝、相成關係。

《大智度論》說：若能入三三昧即能入四種三昧。根機利的人沒有障礙，容易進入清涼池，不須對治。根機利、有遮障的人，專修三解脫門，雖有障但不會礙道，也不須要助道法門。根機鈍、沒有遮障的人，但須用道品調適，才能轉鈍為利，也不須要助道法門。根機鈍、遮障深重的人，因根機鈍故，所以不能即時引發三解脫門，也因遮障重，故無法專注觀心，因此須要對治的法門來破除遮障，才能獲得安穩，進入三解脫門。如左圖：

根利無遮——易入清涼地	不須助道對治
根利有遮——但專修三解脫門	
根鈍無遮——但用道品調適	
根鈍遮重——	須助道對治

初果羅漢具無漏慧、根機利，見理分明，但事中煩惱，猶有遮道的障礙，不名為善人。斯陀含（二果羅漢）侵習五下分結[1]也不能稱為善人，雖然不是善人，實際已斷些惑了，也不是凡夫。假使具有世智，斷除煩惱，雖然沒有事障但也不是聖人。如此具有世智與二果聖人尚須助道來協助去除障礙，何況是根機鈍、遮障重的眾生，若不修對治障礙的法門，如何能證入聖道？

助道的法門無量，前面說明通達、塞（障礙）的意義中，從六蔽說明遮障的內容，適宜用六度來對治，以論述助道的法門。

以下說明助道對治中，六度對治六蔽：

在六度中，第一、布施就是對治慳貪，慳貪就是捨不得，布施就是捨。第二、持戒就是對治毀犯，對治犯法、犯戒。第三、忍辱就是對治瞋恨。第四、精進就是對治懈怠。第五、禪定就是對治散亂。第六、般若就是對治愚癡。修習四種三昧時，若生起六蔽，當以六度來當助道法門。

1.治慳貪：若人修四種三昧，以三十七道品調適，仍然無法開起解脫門，卻生起慳貪的心，激動觀照的心念，使心執著於身、命、財之守護保存。又，察覺的心攀緣妄想，使欲念不斷生起，雖作意想要遮止欲念，但慳貪的心卻輾轉生起，這時當用布施的捨心來對治。

2.治破戒：修習四種三昧時，忽然生起破戒心，不重威儀、粗獷豪放、不知進退、所說所作互相違背、觸犯各種制度、不能遵守清淨戒行，三昧定力難發，這時當用尸羅（戒、清涼）來對治。

3.治瞋恚：修習四種三昧時，瞋恚悖怒，常生起忿恨之心，惡口兩舌、諍計是非不斷，此瞋毒障礙三昧，這時當修忍辱來對治。

4.治懈怠：修習四種三昧時，放逸懈怠、放逸身口意、放蕩、閑野、無慚無愧、不能修習苦行，如鑽木取火時，尚未煖熱就屢次停止，如此放逸之人尚不能辦別世間緣務，何況是修習禪定三昧門？這時應用精進來對治。

5.治散亂：修習四種三昧時，心念散亂不定，身如單獨的村落，口如春蛙般叫，心如風燈般不定，因散亂放逸的緣故，真法不現前，這時應用禪定來對治。

6.治愚癡：修習四種三昧時，愚癡迷惑，執著斷見常見，亦執有人相、我相、眾生相、壽者相，接觸事緣時不見因果實相，進止、常短不知分寸，意念思慮冥頑笨拙，不是智慧之相，此時當用智慧來對治。

修習四種三昧時，六度治六蔽的情況，如次頁圖：

修四種三昧時
慳貪忽起——用檀捨為治
破戒心忽起——用尸羅為治
瞋恚悖怒——修忍為治
放逸懈怠——用精進為治
散亂不定——用禪定為治
愚癡迷惑——用智慧為治

之前，總說六度對治六蔽，以下解釋五種亂心，貪、瞋、毀犯、懈怠、愚癡，亦稱蔽覆心，蔽覆心太強不能對治時，則使用以下之方法。

所有散亂的煩惱心也有強弱之別，弱的心念是心念動，但身口業不動；強的心念是身口業動，心必先動。內在煩惱心念強時，就直接顯現在外相上了。若用一對治法門可以對治此煩惱，此法門就是此病的良藥，若對治法門不能去除煩惱時，應當依四隨（四念處）、六度輾轉使用，以協助修習三昧。

譬如對治慳貪，或有喜歡以修布施來去除，或有不喜歡修布施而以其他法門來協助。對治時，或有人會因此生起善心或善心不生，或有人修布施能去除慳貪，或有人縱然修布施也無法去除慳貪，或有人修布施能助開三昧或有人修布施無法助開三昧。這些應當善巧的斟酌，或以法門對治或轉其他法門來去除煩惱，或兼其他法門一起對治，或以第一義來對治。其他的毀犯、瞋恚、懈怠等對治也是如此應用。

以六度來對治煩惱，協助修道，只是從事相上來說明，若無法於事相上對治，應該用正觀觀照事修來顯理，作為助道的方便。

六度與十度的關係，《大品般若經》說：「六波羅蜜是菩薩摩訶薩摩訶衍。」一度尚能廣攝諸法，何況六度？若知道六度的開合關係，就不會對六度或十度有所執取了。十波羅蜜[2]皆以菩提心為因，《解深密經》卷四記載，六波羅蜜之外，另施設四波羅蜜之原因，謂方便波羅蜜為施、戒、忍三波羅蜜之助伴；願波羅蜜為精進波羅蜜之助伴；力波羅蜜為禪波羅蜜之助伴；智波羅蜜為般若波羅蜜之助伴。若分開辨別則有十度，若合其功能則有六度，故兩者之廣略，行者應善於了知。

之前，介紹六度與十度的關係，文中還特別舉出禪定波羅蜜與般若波羅蜜的相攝，如次頁圖：

禪定	願、智、力——泥滓波羅蜜
	神通力——婆羅波羅蜜
	定道種智——漚和俱舍羅
般若	道種智——漚和俱舍羅
	一切種智——闍那波羅蜜
	一切智——般若波羅蜜

從禪定波羅蜜中，就與願、智、力有關係，從般若波羅蜜中，就能生出道種智、一切智、一切種智。因此可以說六度與十度是相攝相成的，乃至六度也能調伏六根，乃至成就十力、四無所畏、十八不共法、六通、三明、四攝、四辯、陀羅尼、三十二相、八十隨形好等及一切諸法。

以下解釋六度於藏、通、別、圓四教之道品，名義雖然相同，但層次是有區別的：

（一）布施

在各種道品中都有捨覺分，此是布施度所含攝。三藏教的捨覺分能斷除諸見煩惱，雖然尚未進入真諦理，也能捨身、捨命、捨財，於事修上仍有對治的利益。《大智度論》說：「慈、悲、喜，對於眾生是有利益的。」捨有何利益？捨如空慧的心，能具足六度，廣利眾生，是名大利益。又，捨如膏油，能增五度光明。故知布施度含攝捨覺分也。

若是通教的捨覺分，捨身、捨命、捨財，於行法上所修是如幻如化，於人、事、物等三事皆空，此是捨覺分，亦為布施度所含攝。

若是別教的捨覺分，捨身、捨命、捨財中，無所覺知有捨的心念、行為，此捨也是布施度所含攝也。

若是圓教的捨覺分，在一念心中，三諦具足，能滅除三惑，故名為捨。以此捨心，捨十法界的色身（捨身），捨十法界連續執持之生命（捨命），捨十法界的依報（捨財），以此觀行捨身、捨命、捨財，入中道不二邊。

以下解釋圓教的道品為何不入二邊，即是說明不二的捨：

所謂二邊是指有無二邊。如果從有的角度而言，就像計取六塵中，有人可以布施、己身能布施，如此的布施即落入六塵的有邊見，如果說人事物三事皆空，即墮入無邊見。

之前，分析圓教不入有無二邊的布施行，今觀捨財即是空，不入有邊，觀捨財即是假，不入無邊。

圓教的不二之捨，遠離生死、後際（未來果報）等，離老病死，獲得不壞常住之法性。因為有邊是生死，屬於前際（前世因果），空（無）邊是涅槃，屬於後際，此二者皆空無自性，悉不可得，故稱為等。

所謂遠離老死者，前際空故，遠離分段老死；後際空故，遠離變易老死；永遠免除分段與變易生死，故說是離。而得不壞常住者即是中道法性，諸佛之師以法性常存故，諸佛亦常住。不壞即於百界生死之身通達常住理，對治慳心，復顯出法身。法身即是如此，財與命也是如此，此常住的法財無能毀損，常住之法身無能繫縛，常住之慧命不可斷滅，成就究竟布施波羅蜜以自莊嚴。

故《金剛經》說：「初日分、中日分、後日分，悉以恆河沙等身布施，不如受持《般若》一四句偈。」此四句偈的般若是教，依教修觀，觀教即具三種般若。故實相般若，資於法身，捨一切身；觀照般若，資於慧命，捨一切命；四句文字，資常住財，捨一切財。復以修三，資於理三；故理顯現時，一切皆能捨。當知圓教理觀之圓捨乃會諸道品，布施度所含攝。

如此道品之捨覺分，於理觀上甚深微細，但沒有事行。三藏教中，事修之布施精進勇猛，如釋迦菩薩為輪王時，剜身千燈供養大師，以求半偈；月光太子出血髓以救癩人，出脅肉以貿猴子，露脊股以濟跛兔；鞞施伽王為鄰國所伐，四兵垂至，安然不驚，以捨身、捨國城、捨妻子以救國中百姓。

只有事修，全無理觀，此乃三藏教之過失，或唯修圓觀，全無事修，這也不對。

今說明事修布施，協助破除慳貪的毛病，對於能升進的理觀怎麼可以不相隨呢？若人雖然了解實相及圓教捨之觀法，循心自責，知道修法不周全，遇到事情慳吝不捨，不肯施捨（捨財）；怕辛勤勞苦，計較體力付出，不能屈己成就他人（捨身）；貪惜壽命長短，豈能捨命？接觸事緣鏗然不動，只有知解而沒有實踐，如何破除深重的煩惱蔽害？如何開啟真理實相的三解脫門？

若要破除深重的業習，必須於道場中作深重的懺悔，發大誓願：為對治慳吝惡習，捨身、命、財，絕無愛惜！自行如此的施捨也要教人如此布施，讚歎布施法門的殊勝，也隨喜讚歎行布施的人。立此誓願已，稱念十方諸佛作此證明並為救拔！

心若是真誠的懺悔，沒有欺誑的話，能感如來施放光明照耀，以破除慳貪的惡習。《思益經》云：「如來光名曰能捨，佛以此光能破眾生慳貪之心，令行布施。」以此蒙佛光加被與諸六度等道品，在四教中捨覺相應。

若與三藏教的布施相應，能捨事相中的身命財；若與通教相應，知道布施的事、布施的對象、布施的物三事皆空無自性；若與別教相應，能通達一切布施的法門；若與圓教相應，見布施法界，過去、現在皆是實相。諸佛所照耀的光於布施度之四教義是如此，其他五度也是如此。

事理能圓融，才是究竟的布施波羅蜜，視財如糞土、視身如毒器、視命如行雲流水，棄此身財命如涕唾，慳貪的障礙既已破除，便能獲得解脫。

真正的修道人要思惟此身命財等對於一切事物無所助益，方便寄此臭穢之軀來修道，對於他人有些微的利益時，應捨此身猶如草芥，世俗中尚能有殺身成仁，何況是要出離世間的修道者豈能迷於臭穢之軀？

（二）持戒

這是從事相上幫助修道的障礙，顯出智慧光明，能悟入三解脫門，明見佛性。依以上所說來修即能了悟，假設不能悟入的人，自己應再對各種法義作思惟，如正業、正語、正命，此三者為尸羅（持戒）所含攝。

以下解釋藏、通、別、圓四教於正業（正當的行為）的層次差別：

1.藏教

若是三藏教行人的正業，乃是要謹慎守護威儀戒，不破戒、不缺戒、不穿戒、不雜戒，使身心清淨。

不缺戒：即持四根本戒（殺、盜、淫、妄）不犯。

不破戒：即是對比丘之四根本戒和十三僧殘戒不犯。

不穿戒：謂行者能夠持守全部五篇二百五十條比丘戒不犯，應包含犯輕罪並已懺悔清淨者。

不雜戒：謂行者心中不起是非之想，也不起種種煩惱及散亂念頭，其心常住於正念與定相應，所以又名定共戒。

以上為三藏教行人使身心清淨的持戒方式。

2. 通教

通教行人的正當行為，不得讓身口的行為當作是真實的，乃是持隨道戒、無著戒。

隨道戒：即是行者能夠從心中觀照四諦十六行，也就是觀照苦集滅道的十六種行相，因此斷三界見惑盡，發起出世真智慧，實際上就是已經證得了二乘的初果須陀洹，所以也稱道共戒。

無著戒：指行者斷三界見惑之後又斷了三界九地、八十一品思惑中的前九品，即欲界五趣雜居地的九品思惑，則已證三果阿那含，直到行者斷盡全部三界八十一品思惑盡而證得四果阿羅漢，則已斷盡三界內的見思煩惱，自證不受後有，叫做持無著戒。

3.別教

別教行人的正當行為乃是持智所讚戒、自在戒。

智所讚戒：必須以發菩提心為前提，為令一切眾生都能出離生死苦海，成就無上佛果而持戒，所持為菩薩戒。如此持戒能速成佛道，被有智慧之人所稱讚，故名智所讚戒。

自在戒：指賢聖位的菩薩因已悟得諸法實相，故能在被迫破戒時，心得自在。也可以說，菩薩已親證知罪性了不可得，不以持戒為功德，不以破戒為過失，心行平等，但隨為利益眾生之菩提大願而持戒，了無執著，因此叫做持自在戒。例如鳩摩羅什大師被迫有女眷，道濟禪師顛狂酒肉，就是示現此種持戒層次。

4.圓教

圓教行人身心正當，皆觀法性，即是具足戒。

具足戒：指聖人菩薩能具足持前面所述的一切眾生戒法，並包括初地以上菩薩的戒法。如次頁圖：

三藏正業	不破戒、不缺戒、不穿戒、不雜戒
通教正業	隨道戒、無著戒
別教正業	智所讚戒、自在戒
圓教正業	具足戒

理觀的戒從心念起時就同時具備，雖作如此解釋，但身口業行為常有不清淨的時候，有時因今生粗獷或因過去世遮障重未能懺悔，所以覆蓋修持各種三昧，無法開啟解脫之門。

如此思惟時，應當生悲愍，深切生起改革之心，發願從今日起，斷除惡的相續心，誓持禁戒，讓事相的威儀如法，護持三業清淨，如保護水中救命的浮囊一般，終不破戒。

（三）忍辱

發誓持戒但仍然不能入者，則再進一步修持忍辱法。於三十七道品中，五根中的念根、五力的五力、七覺支的念覺支、八正道的正念等皆為忍辱所含攝。

若是三藏教的正念等，是名伏忍。通教的正念等，是名柔順忍。別教的正念等，是名無生忍。圓教的正念等，是名寂滅忍。

伏忍，登地前三賢（十住、十行、十回向）之人未得無漏，煩惱未斷，但能伏住煩惱令之不起。其中十住為下品，十行為中品，十回向為上品。

柔順忍，菩薩順菩提道趨向無生之果。其中四地為下品，五地為中品，六地為上品。

無生忍，菩薩妄惑已盡，了知諸法悉皆不生。其中七地為下品，八地為中品，九地為上品。

寂滅忍，諸惑斷盡，清淨無為，湛然寂滅。其中十地為下品，佛為上品。

故，四教的忍在層次上是有所分別的。

若是念力強的人是不容易生起瞋恚的。生起瞋恚心的人，或因沒有任何念頭，或因念力不強才會被瞋心所障蔽。所起的瞋心，或是今世因緣所生起或因前世因遇今世緣所引發，或瞋心一起修行的同道或護法居士，或瞋怒現在的事或追述過去譏嫌的事，或剛開始時只是稍稍不屑或一開始瞋心就很重。

若放縱瞋毒不斷生起，身心的不自在如同蛇自齧一般。瞋心障礙百千法門修持，豈能放縱而不呵責？不能只有理解上的認知，必須付諸真正實踐才是。

以下說明若是修忍也無法去除瞋心時，應再發大誓願生大忍心：

若是知道自己被瞋心所害，不能自主，就更應生起改過懺悔的心，發大誓願，讓自己的心卑如江海般容納一切穢濁，屈如橋梁般能讓人馬踐踏，刻苦耐勞猶如射垛，土做的箭靶子，眾箭射擊之，能無恨無怨的接受。

談到忍辱，是必須於心念上依教理來思惟，深切了知忍辱的蔽害及其功德，方能促使自己修行忍辱。如何行忍？如《增一阿含經》說：富樓那成道後，想回去本國利益村人，佛陀說：彼國的人性情粗暴，你應當如何做？富樓那回答：我應當修忍！若是毀辱我，我當慶幸他沒有用拳頭打我；若用拳頭打我，我當慶幸他沒有用木棍打我；若用木棍打我，我當慶幸他沒有用刀刃殺我；若用刀刃殺我，我當慶幸能提早脫離五蘊之毒身。佛陀說：若能如此，才能真正利益村裡的人。如此忍辱無辜的傷害，能讓忍辱的力量加強，如揩金、磨鏡一般。

《賢愚經》卷二〈羼提波梨品〉記載：昔久遠無量無邊不可思議阿僧祇劫，世界上有一大國名波羅奈，當時國王名為迦梨（又名歌利王，意即暴君），有一天和四大臣、夫人、婇女入山遊觀，見到在山中修行的忍辱仙人羼提波梨（羼提仙人意即忍辱仙，佛陀於因位修菩薩行，成滿忍行時之名。），為諸女說法，國王因嫉妒而發怒，問其修什麼，仙人答曰：「修行忍辱。」

國王便將仙人割截身體，節節支解，國王問說：「汝說行忍辱，以什麼作證明？」仙人答說：「我若真實行忍辱至誠不虛，血當成乳汁，身當恢復。」他的話說完後，流出的不是血而是甘甜的乳汁，遂使迦梨王感化。

故，忍辱能自己行忍辱又能教化他人，以大誓願力於境不動於心，乃諸佛所稱讚、所證明，並蒙佛放光消除三世（過去、現在）瞋恚的障礙，使重罪消滅，能事理相應，於諸違境上成就忍辱。

《大乘起信論》云：「云何修行忍門？所謂應忍他人之惱，心不懷報，亦當忍於利、衰、毀、譽、稱、譏、苦、樂等法故。」確切的說，所謂的忍辱是願意並善於用堅韌不拔的毅力來克制自己的情緒和行為、克服自身的弱點與缺點，心甘情願的容忍和承受那些於己不利的事情所帶來的種種壓力，以便創造條件，等待機緣，爭取最終的勝利。這是由事相的修持以增進道業的智慧明了。

（四）精進

假使修布施、持戒、忍辱都不能入於正道的人，就應當再思惟四種道品成就，各有八種精進，所謂四正勤、根、力精進、覺、正精進，都是毗梨耶（精進）所攝。《大智度論》說：布施、持戒、忍辱此三項容易成就，不須精進；後面的禪定與智慧二項難以成就，必須精進。佛陀因精進的緣故，證得阿耨多羅三藐三菩提。阿難代佛為諸比丘說七覺意，至精進覺，雖然佛陀背痛，但聽聞精進覺即起坐。

在《長阿含》卷九：有八種精進及八種懈怠。於乞食、作務、行走、病患等四種事前後生精進或懈怠之事。

生精進想，如乞食時，若比丘乞食不得時，念我身體，少於睡臥，堪行精進。若得乞食，念今飽滿，氣力充足，堪行精進。

生懈怠的情況，如乞食時，若不得食，即想：乞食不得，身體疲累，不能堪任坐禪讀誦精進行道，應當暫時休息。若乞食能得食時，又想：飯後身體沉重，不能堪任坐禪讀誦精進行道，應當暫時休息。這是乞食前後生懈怠之想。

作務、行走、生病時，亦是如此思惟。如此於佛法的大海中酌取一點法益，即能與道相應。若是於行住坐臥中，放逸懈怠，忘失修道的初心，不再有精進力，雖然在道場中，但心念有眾多的煩惱，名為汙染。一日不如一日的放逸，即是退失道心，如此行為如何能契入真理？

或是過去世的懈怠習氣，有此煩惱障覆蓋心念，如同駱駝穿鼻，一切隨人掌控，亦如無鉤的醉象，狂亂、放逸、暴惡。故修道人應於初夜（晚上十點之前）、後夜（早上兩點之後）精進不懈，切莫空度歲月。

應當發大誓願，刻骨銘心，勇猛精進，縱然面臨死亡也要誓身殉道。無量劫來，愛著色身，今為求取三昧，斷惑得解脫，就決定要捨去對身的執取，夜以繼日，呵責懈怠的過失，端正身心，修行不休，心中不存有任何苦或艱難的疲累，假使遇到身有病苦時也不以為意，一生如此精進修持，累劫也要如此修為。

精進時，自己精進亦化導他人精進，讚歎法及稱念十方佛作為我們修道證明與救護，如此方能事理相應。若是與三藏教相應，即成就生生精進；若與通教相應，即成就生不生精進。若與別教相應，即成就不生生精進；若與圓教相應，即成就不生不生牢強精進，開涅槃門，見於佛性[3]。

（五）禪定

若修以上精進的內容尚不能得悟的人，應當思惟藏、通、別、圓四教都各有四禪、四無色定等禪定，皆含攝在禪定波羅蜜中。

理上說禪波羅蜜是修持禪定的根本，若只是理解，但事相上並未實修，還是不能成就的，乃至雖然理解無作定，但實際上並未修持而證入，是不能成就無作定的楞嚴三昧。

世間人在修持禪定中，心能數數念在定中的人，世間禪如同平地般易入，尚且都有顛倒墮落的情況，何況是修出世間的禪定？或者於世間定、出世間定中，心生散亂以致不能開發三昧。因此，為了要成就禪定的果德，於初夜、中夜、後夜，身端正心寂靜，若生起疲憊、辛苦等妄想時，立刻去除此念。

自己修禪定也教人修禪定，更讚歎禪定的功德及修禪定的人，發大誓願，心不動搖，盡形壽來修持！乃至後世不修到證悟絕不止息，稱念十方諸佛作為修持的明導與救護，深感佛陀禪定的光明能去除禪修中的散亂障礙，開發甚深禪定，與藏通別圓四教的觀法相應。

《大智度論》卷十七：解釋禪定波羅蜜時，首先列出各種禪法內容，其次為明了無所得的意涵，顯現波羅蜜的實相，之後廣為解釋九想、八念等禪法皆出於禪定波羅蜜中。禪法的種類非常多，今取五門禪作為修道的助道因緣。

禪法的助道因緣中，若於習禪時，心念仍然遍緣三毒、女色、瞋恚、邪倒、睡障等等邪境，可分別以五門禪作為助道對治：

五門禪又名五停心觀：1.數息觀；2.不淨觀；3.慈悲觀；4.因緣觀；5.念佛觀。

《五門禪經要用法》提出其對治方便：「所以五門者隨眾生病而有，若散亂心多者，教以安般（數息）。若貪愛多者，教以不淨。若瞋恚多者，教以慈心。若著我多者，教以因緣。若心沒者，教以念佛。」

1. 數息觀

於習禪時，心念皆在覺、觀[4]上，遍緣貪瞋癡三毒，這時應用數息觀來對治。數息時，若發現心念跑掉了，即心念散亂，就應該將心再收攝回到息上，重新再數。防止心念的散亂，此是最好的對治方式。

心念的專注能引發欲界定乃至色界的四禪（四定）、無色界的空無邊處定、識無邊處定、無所有處定等七種定。在這其中，若無應用般若的方便善巧來斷惑，縱然有此七定，也只是凡夫禪而已，若有般若的助成，就能成就大乘禪定波羅蜜。

故《請觀音經》說：「若於數息觀中，心定力故如駛水流，疾疾得見觀世音菩薩及十方佛，安住於首楞嚴大定，獲得不退轉地。」此為透過數息觀開解脫門，即與四禪與四無色定相應，乃至與無作八定相應，這是修禪的助道因緣。

2. 不淨觀

若於女色耽戀不捨，因而沉淪生死苦海未能出離，當勤修九種不淨觀法來對治。

首先，觀察所愛的人作死想，專心一意觀死屍，過去的音聲悅耳，剎那間去哪裡了？逐漸心生驚畏，能破愛著之心。再觀察人死後，身體變冷、膚色變黑、五臟腐敗、蟲膿流出、臭穢盈流，被丟棄於塚間如同腐朽敗壞的木頭一般，昔日我所愛的人究竟在何處？所留下的屍骨使我憂心勞累，若能識知這是貪欲過患就能止息淫欲的心。九想觀[5]的其餘八想，同樣亦能對治淫欲。

不淨觀中的九想觀，《大智度論》闡述道：多淫欲的人，令觀九想，此九相斷諸煩惱，於滅淫欲最殊勝。為滅淫欲，故說九相，若是不能成就，則可觀八背捨，若再不能成就，則令觀八勝處，若再不能成就，則令觀十一切處，於修觀時若生怖畏心，令修八念來對治。

這些皆以不淨觀為初門，對治行者淫欲之火，開解脫門，能與四禪八定相應，此為助道因緣。

所謂八背捨即是：一者內有色想（白骨人）觀外色，（八種色光普照）是背棄欲界、捨初禪境也。二者內無色想觀外色，是背捨二禪境也。三者淨（色光清淨）背捨，即背捨三四禪境。四者虛空處背捨。五者識處背捨。六者不用處（無所有處）背捨。七者非想非非想處背捨。八者滅受想背捨。修此禪者能於四禪、四無色定背棄不著而成就出世間法也。

修八背捨之後，觀心已經成熟，這時可以運轉自如，不論淨與不淨均能隨意破除，因此轉修八勝處了。此八法所以均名勝處，含有二種意義：一者不論淨與不淨或五欲之染法，得此觀時，則可隨意能破。二者能善調觀心，譬如乘馬擊賊，非但可破前陣也能善制其馬，故名勝處。

八勝處謂制勝煩惱以引起佛教認識之所依處，即：

(1)內有色想觀外色少勝處：即內心有色想，以觀道未增長，若觀多色恐難攝持，故觀少色。為除內心之色想，藉由觀色處之少分，制之而滅欲貪。

(2)內有色想觀外色多勝處：即觀道漸熟，多觀外色亦無妨，諦觀一死屍乃至十百千萬等死屍，進而戰勝色處之多分。

(3)內無色想觀外色少勝處：即觀道漸為勝妙，內心已不存色想，更觀色處之少分而制勝。

(4)內無色想觀外色多勝處：即更同樣制勝色處之多分。

(5)內無色想觀外色青勝處。

(6)內無色想觀外色黃勝處。

(7)內無色想觀外色赤勝處。

(8)內無色想觀外色白勝處。

以上(5)、(6)、(7)、(8)係內心已無色想，更觀外色青、黃、赤、白，並制勝之，以對治欲貪。

對治淫欲的觀法，除九想觀、八背捨、八勝處外，尚有十一切處，又名十禪支或十遍處定。總合一切萬有為一對象而觀之，其方法有十種，如地、水、火、風、青、黃、赤、白、空、識是也。若住於水想，則世間萬有及自身皆成流動之觀，其他九項也是如此觀。

以上所說的八背捨、八勝處及十一切處，此三者為遠離三界貪愛之禪定也。但修不淨觀時，若生恐懼之心時，可以八念法來對治，八念即是念佛、念法、念僧、念戒、念捨、念天、念出入息、念死。八念法能將心引向光明、趨向純淨，逢緣遇境時，智慧越來越深廣，時常心存八念法可除怖畏、修福慧、現證解脫安樂。

3. 慈心觀

若生起瞋恚心，當用慈心觀來對治，之前所說的忍辱波羅蜜是普遍性的對治法，現在就個別因緣來論慈無量心。修四無量心，以悲無量心為對治者，若見眾生苦，生起甚深的悲愍欲拔眾生之苦，若以此心念修觀，能與悲相應。

以慈無量心為對治者，觀想要使眾生獲得快樂，若緣此心修觀，與慈定相應。以喜無量心為對治者，觀想要使眾生獲得快樂而生大歡喜，若緣此心修觀，能與喜定相應。以捨無量心為對治者，捨離愛執、憎恨想，安住平等觀，若緣此心修觀，與捨定相應。獲得此四定之行者對於所有眾生就不會生起瞋心。

4. 因緣觀

若是攀緣邪念、顛倒，當用因緣觀來對治之，《雜阿毗曇心論》以界分別觀破除我執，今以因緣觀破除我執。過去、現在、未來的三世破斷常顛倒，過去現在或現在未來之二世觀破除我執，一念破除無明顯法性，若成就此觀即能與理觀相應，助開涅槃門。

5. 念佛觀

若是修道時，常生起睡眠意障礙修道，即用念佛觀來對治。把心繫緣於莊嚴的佛相上，從一相的觀想至所緣相貌清楚明了，即能破除障道的罪業見十方佛與理觀相應，助開涅槃門。

修禪思惟時，所生障礙及對治，如左圖：

禪思時	
多覺、觀，遍緣三毒——	用數息為治
攀緣女色——	用不淨觀為治
攀緣瞋恚——	用慈心為治
攀緣斜倒——	用因緣觀為治
睡障道罪起——	用念佛觀為治

以下解釋行人假使用五門禪之助道，仍然不能對治障礙，更用下列十法之理觀來協助：

若是禪修時，諸多障礙，雖用五門禪仍無法去除障道因緣，或者此五門禪不適宜自己所修，應當自我思惟。在理觀之中，具有四念處、慧根、慧力、擇覺分、喜覺分、正見、正思惟，如是十法皆是智慧所含攝，這些是觀想之理，對此不了解、不清楚，是由於對過去、現在之因緣愚癡邪僻、昏昧精神，故使三昧不能開顯，應當自我改變，發大誓願，讓事修之觀照清楚明了，破除四顛倒。

1. 觀身不淨

假使對以上的十法義理觀照仍然不能成就，再用以下的五種不淨觀來對治。

(1)種子不淨：所謂身乃由父母精血、赤白二色和合，託識其中，以為體質所成，是名種子不淨。

(2)住處不淨：未出生時，居於母腹之中，生臟之下，熟臟之上，不淨流溢，汙穢充滿，或懸或壓，或熱或冷，七日一變，十月懷抱。若六根成就，形相具足，嬰兒養成，轉向產門。《大智度論》說：「此身不是化生也不是從蓮華生，但從尿道而出。」胎兒於此處卑猥不堪，是名住處不淨。

(3)自相不淨：謂九孔常流種種汙穢物故。九孔者：兩耳出耳垢、兩眼出眼淚、兩鼻出膿涕、口出涎唾臭氣、大便道出屎、小便道出尿。而且，頭垢眾多，如覆蓋薄的糞泥一般，腋下、股外酸汗，如淋尿灑，衣服被著身體，如同塗上油墨，是名自相不淨。

(4)自性不淨：謂三十六物皆是不淨共和合故。三十六者計有外相十二物：髮、毛、爪、齒、眵、淚、涎、唾、屎、尿、垢、汗。身器十二物：皮、膚、血、肉、筋、脈、骨、髓、肪、膏、腦、膜。內含十二物：肝、膽、腸、胃、脾、腎、心、肺、生臟、熟臟、赤痰、白痰。從小自大，性是不淨。譬如臭穢，不管多少都是臭的，是名自性不淨。

(5)究竟不淨：謂一旦命終，肢節發冷、呼吸停止、身體腐爛、水流不淨，遭蟲食啖、鳥類爭啄、頭手分離，三五里之間臭氣腥臊衝人鼻息，體色瘀黑汙人眼目，比死狗更不忍目睹，是名究竟不淨。

之前，五種觀身不淨皆是從自身實觀，並非從理解上觀。人對於色身執著是清淨的，以好衣、美食來資養它，又常常為頭頸擦拭不已，來愛惜此身。譬如蜣蜋，又名推糞蟲，常把人畜的糞便推轉成丸球而慢慢食用，只認為屎糞美味，人也是如此，愛戀此身至死不厭，為資養此身故造種種罪。若知身之過患，自始至終是不清淨的，就能破除不淨以為淨的顛倒。

2. 觀受是苦

又，應當了知，地水火風四大所形成的色身，二上二下是互相違反的。地遏止水，水能爛地；風吹散地，地遮止風；水能滅火，火煎熟水，更相侵害。四大如篋中有四毒蛇一般，身中常有癰、瘡、刺、箭之苦，有何歡樂可言？加上飢渴、寒熱、鞭打、繫縛、生老病死，真是苦上加苦。四大互相侵襲，互相破壞，是為壞苦；每一個念頭如流星、焰火般迅速不息，是為行苦。於下苦中，卻橫生喜樂之想，是名顛倒。若能分明見諸苦相如瘡中刺，介介刺痛，就不會於此色身生一念喜樂之顛倒。

所言苦苦是指生活、生命之苦；壞苦是指生理、身體生滅變化之苦；行苦是指意識、欲望熾熱之苦。苦聖諦中有生苦、老苦、病苦、死苦、怨憎會苦、愛別離苦、所求不得苦、五蘊熾盛苦八種。

以上三苦實際為苦聖諦八種苦之歸納。又，三途（三惡道）為苦苦，名為上苦；諸天五衰相現，天樂享盡時，生於大苦，名為壞苦；人間為行苦；念念常苦，故名為下苦。

3.觀心無常

又，應當觀察過去因無明、善惡等諸業造作，驅使、繫縛心識，才會被逼入胎獄，如同鳥被關在籠中，飛去不得。

吾人心識亦如被關在四大的籠中，被諸業的繩索繫縛著，心雖在色籠中，但無處不至。業繩未斷，去已復還；籠破繫斷，即去不返，空籠而存。（中陰身）此壞、彼（業）成，出籠、入籠。

觀心無常中，心念如蓋印，剎那間文字就顯現出來，無一念能住止。現前的五陰如印；中陰身處，其意義如印泥；中陰身滅去，名為印壞；中陰身再現，名為文成。又，風之氣是依身而有，名為出、入息，此出入息遷變、謝去，出息不保入息，因人命在呼吸間故。《毗曇》說：「人的生命是非色（質）、非心法。」說明生命的本質不屬於會變壞的色法亦不是專屬心意識的造作。

《大集經》上說：「出、入息名為壽命。」一息不來，即名命終。《增一阿含經》：「比丘白佛：人之壽命，連七日都不能保有，乃至一念間之出入息亦不能保。佛言：善哉！此乃善修無常耶！故，世尊告訴比丘：當於出入息中思惟死想，便能解脫生老病死愁憂苦惱。」

(1)勉勵在家人：觀各種惡業猶如怨家，又如鳥類競肉一般，經云：「剎那間生起惡念，禍殃遭墜無間地獄。」只一剎那間的惡業都容易導致墮地獄之重業，何況時常於惡念之中，造業則無量無邊。

惡業如怨家、欠債，常被惡業所驅使，若要償還此怨債不被惡業所牽纏，稍微償還此業快圓滿時，其他的煩惱又再生起，去住無期。

世間的無常變化是不擇富豪或賢能的，世間國土危脆不堅固是難以依護的，如何能安然、期望活到百歲？活著時，四方追求，貯存積聚財富，但財富尚未積聚滿足時，人命已溘然長往了，所有遺產財貨徒為別人所有，冥冥獨自離開人間，誰來問是與非？故應好好照顧善念。

(2)勉勵出家人：出家人滿懷對佛法的知解或精進辦道，想要滅除懈怠之火，若是不能體悟無常，也是枉然！如諺語「可憐無五官之媚」，譬喻雖然精進不懈卻不能有真正向道之心！若能察覺世間無常好比暴水、猛風、掣電，就是逃隱山林、海底、空中、市井等處也無法躲避，能如此觀照，心必生大怖畏，眠不安穩、食不知味，如救頭燃一般。日夜奔競，豈能為貪著世間財富做無益己益人之事而造諸生死業耶？

出家之修道者應該盡速斷絕所有煩惱羈鎖，超然向道而去，如野干（狼）從忍辱處出，只為爭出火宅中。早日從生命無常中追求濟度生死之法門，是為破除常顛倒。

4. 觀法無我

修行的助道對治觀法無我中，說明凡夫無我計我的過失，並說明聲聞、緣覺、菩薩修觀的不同。

(1)凡夫我相：首先應當觀照，無量劫來皆因精神與肉體的名色以及想像、行為而以為有實我、實人的存在。於生活中，若聽到讚歎、辱罵的音聲就會執取有人讚歎、辱罵我，行住坐臥，一切事物皆以為是我的存在，如同膠漆塗手，隨所執就有所著。

經上說：凡夫若遠離執著我的心，無有是處。說的是指凡夫是不可能遠離我執的，若是遭受貧窮就失去本來的善心，也是因為不斷計我的緣故。若獲得富貴，放縱權勢的毒害，酷害天下，怨枉無辜。各種惡業興起皆是由於有我所作為，誰能代替？逆著風執持火炬，豈有不燒手的道理？如兩比丘皆不怕鬼，一晚兩人先後進住一鬼房，彼此以為對方是鬼，相互毆打，直到天明乃知原來是舊識。在此，以鬼譬喻五陰，本非真有，而凡夫於無我中計有我。

(2)正明修觀：凡夫因為沒有智慧的緣故，執著有我，若以智慧觀照，實際是沒有（真實）我的存在。我在何處？頭、足、支節，一一的諦觀，不見我的真實存在，何處有人以及眾生？眾生是業力積聚而生，是假合的無自性空聚，是從眾因緣生，沒有自我的主宰性。

如旅人夜宿一亭，見兩鬼爭一屍體，僵持不下，旅人證明為先來之鬼所有，另一鬼發怒，即斷旅人之頭，前鬼即以死屍之頭補上，如是又斷其四肢，前鬼均以屍五肢補之，而旅人之四肢盡為兩鬼吞而食之。

此時旅人已易換成死屍之身，故問僧眾：我身是有還是沒有？僧眾回答說：眾生以四大和合將此四大之身執著有我，實際上是無我可得。如此觀照時，執我之顛倒就能止息。

(3)聲聞行：聲聞人修四念處觀破除四顛倒，道心興起對生死輪迴生起大怖畏，如被怨敵追逐、如叛徒怨國、如行走險道，念念四周都是障礙，只想尋求出路，也好比是獐聽到獵人包圍就驚慌失措的想要逃走，雖然遇到水草也沒有閒暇飲啖，志在免除災難，得以逃脫，聲聞對於生死怖畏就是如此之心。

(4)緣覺行：緣覺、辟支佛修四念處觀出離生死苦海，譬如鹿逃出重圍，雖能免難，一面逃跑時一面發出哀鳴，希望能喚起鹿群一起逃脫，雖有少量悲心能顧及鹿群，但終究心有餘力不足也！只有忍氣吞聲，含著悲痛前進。緣覺聖者也是如此！自己已出離生死，心亦憫念眾生，雖然悲傷哀悼但卻不能救拔眾生。

(5)菩薩行：菩薩如大象王，聽聞有獵人包圍所有象群，不忍心獨自離去，自知力量大能堪遮斷刀箭守護其子，令象群獲得安穩免受傷害。菩薩於無常、無我、苦、空等觀法了了分明時，能去除怖畏心，如赴湯蹈火又生起慈悲心，如母親念念其子，眾生愚癡於生死海中不覺無常等諸苦，我如何能棄眾生不顧而獨自離去？

菩薩能忍生死苦，以智慧方便教化眾生，令種得度因緣，而菩薩自身的功德、法身、慧命也隨之輾轉增長，機緣成熟即坐道場成就佛道與眾生共同出離三界，如大象王，可以讓自己及象群都獲得安穩。

假使是小象，雖然努力遮斷刀箭，但終必為刀箭所中，自己及其他象都無法獲益，如同初發心菩薩欲入生死苦海救度眾生，但觸及生死煩惱便退失善根，不能成就法身，雖然如此，初發心菩薩發此大悲心，其功德還是令人讚歎的。

所以，菩薩雖然怖畏生死，但恆求善根以荷負眾生，不同於二乘只求自己，菩薩雖住於生死之中，並非是貪著五欲，只為救濟眾生，不同於凡夫對五欲有分別心。故經上說：「初發心菩薩事修六度、誓願救眾生，不同於凡夫，名『不住不調』，因不同於聲聞緣覺的修持，名『不住調』，雖然知道一切無我，但誨人不倦，雖然知道涅槃而不求永入寂滅，雖然知道種種不淨，但不會心生厭離。」即是此義也。

多修六度，增長功德善本，如羊身肥（菩薩）；勤觀無常，增長智慧，破壞各種惡業，如為恆常怖畏狼害，亦如羊身無脂一般（二乘），是名事修般若相貌。此為三乘修四念處觀之差異。

以上是為事修之利，能幫助修道上之智慧增明。

修道中，若蒙諸佛神力威德加被，遠離罪障獲得解脫，即能與四種十慧相應，是為事相的油，協助增加道行清明。因佛力威德加被如油，四種十慧如燈蕊，二者和合如燈光之照明，燈光、照明如解脫涅槃，故修道中有賴修理觀與事懺二法方能成就。

若是全無理觀的觀察又沒有事懺修持，而希望有佛力印可加持獲得空慧的利益，這是不可能的事！若是理觀不斷又能借助事修來破除煩惱，真實的從心懺悔，即如同佛來印可一般。

所以須要事修幫助修道，不然就會如二萬億佛繫珠（正道）一般，如佛陀只是注視所繫珠而忘記大乘精神，即是不以大乘法度化眾生。如此更須要百六十劫（聲聞六十劫，辟支佛百劫也），以小乘教先起教化，令眾生怖畏生死，再漸漸皈向父舍（佛所），故知應該借小（教）助大（乘教）。

又，佛陀起初想以大乘法度化眾生，無奈眾生不相應，以權巧方便度之即稱善哉，如富家子病，應用黃龍湯來對治，父母豈吝惜好藥？只為取哪一種藥方最強、最適宜對治而已。佛有本願令眾生與佛一樣成就菩提，豈有吝惜以大乘法來教導眾生？事不從人願，只有觀眾生根機來對治以協助開正道之門，其意義也是如此。

以下解釋修助道時，六度與道品之關係：

不修助道品，三昧不能成就，所以六度應不應該算是殊勝的道品？這個問題可以從三個角度來說：一、或者以六度來破除勝道品之執，或者以道品來破除修六度的執。二、以六度輔助修道品或者以道品輔助修持六度。三、六度的修持即是道品，修道品的本身即是修持六度。

如前面所修的道品不能契入真如，若修持六度即能破除蔽害，豈不是以六度來破除道品之障礙？有時修持六度不能到達彼岸，也許修各種道品即能悟入，此為以道品來破除修六度之障礙。若修持六度時，先破除六種蔽害[6]再進修各種道品，任運修持，即可成就，此是以六度來修道品。如上所說即是以助道品修六度的意義。

以下說明六度與道品相攝：

「六度與道品相即」者：檀（布施）即是摩訶衍（大乘法）。《大智度論》說：

「內外所有布施用無所得故，共一切眾生回向阿耨多羅三藐三菩提。須菩提！是名菩薩摩訶薩檀波羅蜜。」四念處也即是摩訶衍（大乘法），檀與道品之間無二無別，因一切法不可得故。

通論所有的修行法門於修行上，有互相對治之意及彼此的互相協助之意，從理上說，也互有相即意。若依四諦來說，四諦乃從因緣生，具「有、無，非有、非無」廣歷一切法，皆有三番（空、假、中）。若能了知此意涵，就能從任何角度自在而說。

以下解釋六度為何能調伏六根義，雖然四教皆以檀、戒、忍、進、禪、智為度，但各有其層次的分別：

藏教全稱三藏（經、律、論）教，指小乘教，即為三乘人各別說生滅之四諦，以析空觀同斷見思惑，令入無餘涅槃。

以下是藏教調伏六根的方式，六度如何含攝、調伏六根：

若六根不受六塵境的染著，即合乎諸道品中的捨覺分與除覺分，即是以檀（布施）度調伏諸根也。六根不為六塵所影響（破戒），即合乎道品正業、正語、正命，即是以持戒度調伏諸根也。能於六塵境上安忍不動，即合乎道品四種之念（四正勤），是名以忍度調伏諸根也。守護諸根於六塵境，常不懈怠，即合乎道品的八種精進（八正道），是名以精進度調伏諸根。定住身心不散亂，不為六塵境所誘惑，即合乎道品八種禪定（四禪、四無色定），是名以禪定度調伏諸根。知六塵境是無常、苦、空、寂滅，即合乎道品十種慧[7]，是名以智度調伏諸根也。

此乃三藏教調伏六根以具足六度之修持意。如左圖：

根塵	道品（境）	六度調伏諸根
六根不受六塵——	捨、除覺分——	檀度調伏諸根
六根不為六塵所傷——	正業、正語、正命——	戒度調伏諸根
違情六塵，安忍不動——	四種念——	忍度調伏諸根
守諸根塵，常不懈怠——	八種精進——	進度調伏諸根
定心不亂，不為六塵所惑——	八種定——	禪度調伏諸根
知六塵無常、空、苦、寂滅——	十種慧——	智度調伏諸根

通教匯通各種般若，教義會通前面的藏教與後面的別教，包括深奧與淺顯之道

理，即為三乘人說體空無生之四諦，令聲聞、緣覺、菩薩同入無餘涅槃。以下說明通教六度的情況：

檀（布施）：了知眼睛所見一切皆因緣無自性空，故不會被眼睛所見之境所迷惑，了知物質一切皆是假合所成的無自性空，故不受色相而心動，六根、六塵接觸而有各種分別也皆是因緣假合、沒有自性，能如此觀照是名常捨離諸行，乃至意念空也是如此，所以不會執著任何念頭，法性空故不執著法，名常捨離諸行，此即合乎道品中的除覺支、捨覺分的意義，是名以檀度（布施）調伏諸根。

尸（持戒）：色質雖無自性空，但不會傷及眼中所見空，眼見無自性空也不會妨礙色質的空無自性，乃至法空不礙意念空之方便，意念空不礙法空之方便，此即合乎道品中的正語、正業、正命，是名尸度「持戒」調伏諸根。

忍辱：眼根與色塵等皆無自性空故，故無違逆、無隨順，無忍辱、不忍辱之心，乃至意念、法空也無違逆、無隨順、無忍辱、不忍辱之念，此即合乎道品四種之念，是名以「忍辱」調伏諸根。

精進：眼根與色塵等常顯現諸法的相用與其假合的無自性空，如是修習與般若相應，乃至意念、法性也是如此，是名與般若相應，即合乎道品中的精進，是名以「精進」調伏諸根。

禪定：眼根與色塵等不散亂、不矇昧，乃至意念、法性空也不散亂、不矇昧，即合乎道品中各種禪定，是名以「禪」調伏諸根。

般若：眼根與色塵等無自性空故，不愚癡、不執著智，乃至意念、法性空也是如此，即合乎道品中十種智慧[8]，是名以智（般若）調伏諸根。

以上，是通教調伏諸根具足六度的情況。

別教，指大乘經，即不共二乘人說，專為大菩薩說無量之四諦，以次第之三觀破三惑，令證「但中」[9]之理，故六根對六塵上自有其觀法。以下說明別教六度：

檀度：若眼見色具十法界，十法界的佛、菩薩、緣覺、聲聞、天、人、阿修羅、餓鬼、畜生、地獄各有果報，勝劣之不同，各各法界的修因深、淺各有分別，所造業因、所現的果報無量不可窮盡，除卻無知，善分別法相，無所愛著，乃至意念思惟法義亦具足十法界，分別無愛著，即合乎道品中的除覺支[10]與捨覺分[11]，是名「以檀（布施）度調伏諸根」。

戒度：分別眼見色乃至意念思惟法有無量相貌，未曾有絲毫漏失損其善根，自己亦不為無量根、塵所誘惑，即合乎道品中正業（正當的行為）、正語（正當的語言）、正命（正當的生活方式），是名「以戒度調伏諸根」。

忍度：又，於十法界，六根接觸六塵境時，若有違逆或順心的事，其心不為外境所動，安住於假觀、中道觀之境，能忍一切而成就道業，即合乎道品中的正念，是名「以忍度調伏諸根」。

精進度：又，分別一切六根接觸六塵時，若生起艱難的心、苦的心也不會從中途退失，有勇氣面對生死煩惱，即合乎道品中的精進，是名「以精進度調伏諸根」。

禪定度：又，分別一切六根接觸六塵時，心不會生起動亂，正知正念不動、不邪僻，即合乎道品中諸定，是名「以禪定度調伏諸根」。

智慧度：又，分別一切六根接觸六塵時，以菩薩的道種智力量，隨眾生根機授予適當的法藥，方便善巧度化，又不會起染著心，即合乎道品中各種的智慧，是名「以智慧度調伏諸根」。

以上，是別教調伏諸根以成就六度的情形。

依智顗大師圓教義的主張：「無明即是法性、法性即是無明」，「一念中含三千諸法、三千諸法在於一念之中」，「一心中含三觀、三觀不離一心」。由此，我們不難看出智顗大師是主張心物一體不二的；不但是心含萬物，而且是萬物與心合一；不是心生萬法，而是心與萬物合一的。

說明圓教調伏六根前，先說明「圓教」意涵：圓教之完成，不在其內涵之圓滿，而是其圓觀之形成。不但是自身之圓法、圓信、圓行、圓住、圓自在莊嚴，修行次第證得，而且要以菩薩精神圓建眾生。現將圓教、圓觀以不同之概念次第來說：

1. 聞圓法：聞生死即法身、煩惱即般若、結業即解脫。智顗大師稱法身、般若、解脫為三德，三德就是智顗大師之圓法。

2. 起圓信：圓信並非是直接信其圓法，而是要經過「信一切法即空、即假、即中」之過程，才能圓信圓法。

3. 立圓行：是由信起行，「三諦圓修，不動不寂，直入中道」，會歸三德。

4. 入圓位：圓行之結果，「清淨自在，一住一切住」，即住於惡世亦清淨自在。

5. 圓自在莊嚴：以圓功德而自在莊嚴，「於正報依報中，一一自在」。無論處於任何主客不同的兩境，都能自在莊嚴。

6.圓建眾生：以圓力而圓建眾生，「內自通即空、即假、即中而得益受用」。換句話說，能圓建眾生一定要度人使眾生受益，自己才有稱性功德而得益。

由上可知，智顗大師不但從教、觀，乃至方法上都是立圓的。諸法圓相即實相，實相即空相，空相寂然常照，法身、般若、解脫三德歸之一念，一念當下即止、即觀，於是圓義、圓觀、圓教於焉建立，因為圓義即法身、圓觀即般若、圓教即圓滿解脫，又法身即假、般若即空、解脫為第一義諦即中。

在經文中，舉出《央掘摩羅經》的例子來論證「圓義」。

如《央掘摩羅經》：所謂九界（除佛之外）之眼根觀六塵境時，自謂各各非真，如來觀之，即佛法界，無二無別。佛觀諸眼即是佛眼（洞徹法性名為佛眼），一心三諦（空、假、中三諦）圓因具足，無有缺減。照實相為了了，照權（方便）為分明，三智（一切智、道種智、一切種智）一心中，五眼（肉眼、天眼、慧眼、法眼、佛眼）具足圓照，名為了了見佛性也。此乃從眼見論「圓證」，從修義論「圓因」。

以下說明圓教的六度調伏六根義：

圓教真正的具足修，是觀於眼根時，能捨二邊（空有）之煩惱，名為「布施」；眼根不為二邊所誘惑，名為「持戒」；眼根所見皆寂滅相，不為二邊所動亂，名為「忍辱」；眼根及識對外境之分別，自然流入薩婆若海（一切種智海），名為「精進」；觀眼所見無自性之實性，名為「上定」；以一切種智眼觀照中道，名為「智慧」，是為眼根具足無（增）減修。

無增減修故，了了分明，眼根可以見到一切法界。乃至彼意根，於諸如來法性常在，亦具足無增減修，了了分明知曉。於一一根即空、即假、即中，三觀一心[12]，名「無減修」。證慧眼[13]、法眼[14]、佛眼[15]，一心中得，名「了了見」。

「根」是如此，「塵」也是，一切諸法亦是如此，是為圓教調伏諸根滿足六度。當知六度能遍調伏一切諸根，如《大品般若經》：布施者、接受布施者、布施財物，三事不可得，是名具足檀波羅蜜。三事皆空、無所著，才是真正布施的體相。

如何六度能攝佛的威儀？佛是以十力、四無所畏[16]、十八不共法[17]等為威儀。一心中修四道品（四種四諦），名「修佛威儀」，所證的佛眼、佛智，名「得佛威儀」。

以下說明四道品（即是四種四諦）亦含攝十力的情形，並引證經典說明凡夫如何學習佛的十力：

1. 知是處非處智力：四種道品（四種四諦智）能含攝佛之「處非處智力」，四種四諦與藏通別圓四教相配當：

(1)生滅四諦：藏教所說，有為生滅之事，而觀四諦之因果為實有的生滅。

(2)無生四諦：通教所說，就因緣諸法即空無生，而觀四諦迷悟之因果均是空無，而無生滅。

(3)無量四諦：別教所說，就界內界外恆沙無量差別，而觀一切現象皆由因緣而生，具有無量之差別，因而四諦亦有無量之相。

(4)無作四諦：圓教所說，就迷悟之當體即實相，而觀迷與悟之對立矛盾即非矛盾，皆為實相。

簡易言之，即以生滅、無生、無量、無作的層次，分別每一種四諦，若能於一心中了知四種四諦的因果，決判明斷，是名「處非處智力」。

處非處智力，謂如來於一切因緣果報審實能知。如作善業，即知一定能得樂報，稱為知是處；若作惡業，即得惡報，稱為知非處。故如來於佛法中作師子吼：「獨我法中，有四沙門果！」即是此義。

2.知業報智力：知業報智力，謂如來於一切眾生過去、未來、現在三世業緣果報生處皆能遍知。依四諦而言，知四諦四種集（煩惱），是知業報力；知苦，是知智報力；道諦、滅諦亦是如此。分別四種業報、深淺，沒有錯誤，是第二力也。

3.知禪定力：知禪定力於四種的道諦中，四禪八定，能分別深淺次第，於諸禪定自在無礙，如實遍知，是第三力也。

4.知根力，5.知欲力，6.知性力：謂如來於諸眾生根性勝劣、得果大小，皆能如實遍知，名「知根力」。如來於諸眾生種種欲、樂、善惡不同，如實遍知，名「知欲力」。謂如來於世間眾生種種界分不同，如實遍知，名「知性力」。

7.知至處道力：知至處道力，知所至之處，是第七力也。謂如來從四道諦中，於六道有漏行所至處、涅槃無漏行所至處，如實遍知。

8.宿命力。

9.天眼力：如來觀照過去一世、多世，眾生善惡趣好壞、壽命、長短，名「宿命力」。觀照未來生處，美醜貧富等善惡業緣，名「天眼力」。

10.漏盡智力：漏盡智力，謂四種四諦中，滅諦所證，一切煩惱習氣永斷不生，獲無漏心慧等解脫也。

同一法門而有四種層次之別，如國王傳密語，只有具智慧的臣子能了解其意。佛說十力，趨赴四種根機，不令小乘根機毀謗大乘，而損其功德；也不令大乘根機者抑制其善根，只證小乘果。不管大小乘根機，各自聽聞法義，各獲其法益，具這種自然顯現的權巧方便，故稱佛為「能仁」（有能力又有慈悲心）。

菩薩是智慧的臣子，能深解法王之密語，知意念在三藏教者，即問佛生滅四諦，鄭重諮詢，讓有緣人隨佛所說而領悟；乃至知意想在圓教者，或問無作四諦，令他獲得理解。一音說法，萬眾皆聽；佛口密無邊，義不可盡，眾生隨類各得解。四種四諦之演繹，就是此意。

十力是佛的威德力，《大智度論》說：「菩薩行般若波羅蜜，對於十力、四無畏之法不應住著。若佛於佛法無有過失，是則應住，若菩薩無佛法，何所論住？」因為初心菩薩修佛功德多生重大執著，破此重大執著心，故說「不應住」，又初心菩薩雖得十力、四無畏，但所得尚未究竟，故不應住。

假使是如此，之前雖然修，但未證得，乃因不究竟故。若依《華嚴‧十住品》說：「菩薩因初發心，能分證十力。」

之前，問初住菩薩與初心菩薩有何不同？今引文說明：

正念天子問法慧：初心菩薩修十力方便，如何知其是為修行或非為修行而出家學道？如何應用方便修習梵行，具足十住道，速成菩提？

法慧菩薩說：菩薩先當分別十種之法，謂：身、身業、口、口業、意、意業及佛、法、僧、戒。觀此十法皆同法界（法性故），且從非梵行（不清淨）而說。以此菩薩棄俗出家，修梵行故，為求無上道。

假使身是梵行（清淨），當知此梵行就不清淨了，因為這此身的混濁、臭穢、塵垢、諂曲如八萬戶蟲一般。

假使身業是清淨的梵行（清淨），行住坐臥的四威儀，舉足、下足皆是如法如儀，若口是清淨的梵行，所有一切語言音聲，能傳播清淨的法音，乃至持戒是清淨的梵行。

戒場中的十師問三業清淨，戒師白四羯磨[18]以確定行為清淨，剃髮、乞食等，這些如果不是清淨梵行的話，那什麼是清淨的梵行？誰有梵行？三世平等，猶如虛空，是名方便。又，更修習增上十法，即是所謂的十力，甚深無量！如是觀察，迅速獲得一切諸佛功德。《華嚴經》云：「菩薩初發心時便成等正覺，曉知一切法的真實性，具足智慧之身，不由他悟。」經中所說，豈不是初心菩薩能修證十力？

初心菩薩如何修持十力？日常生活之中，身口意所接觸的行住坐臥一切行儀，身雖是不淨（種種汙穢故），觀身不淨不著身，即是清淨的梵行；口無妄言、綺語、兩舌、惡口，即是清淨的梵行；意念觀法無我，乃至布施、持戒、忍辱等等修行，皆是清淨梵行。此即是菩薩修證十力之處。

以下引證《地持經》說明初心菩薩修學十力。

《地持經》：菩薩善知如來藏（眾生本具的佛性），以聽聞佛法、思惟佛法作修行的前導，修自性禪（由觀心之自性所得之禪）能入一切禪。一切禪指能自行化他，具足一切功德之禪定，分為世間、出世間二種，此二種又隨其所應各有三種：

1. 現法樂住禪：謂菩薩之禪定遠離一切妄想，身心止息，稱歡喜地。

2.出生三昧功德禪：謂菩薩之禪定出生種種不可思議無量無邊之十力種性所攝之三昧，而入於一切無礙慧、無諍願智之勝妙功德。

3.利益眾生禪：即菩薩饒益有情所作之布施、滅除眾苦、如法攝眾、知恩報恩、歡喜讚歎、無怨憎之念或以神力令眾生歡喜等功德。

菩薩十住位，名聞慧；十行位，名思慧。此聞、思在前行，以修自性入一切禪能具足以上所說的三法，豈非初心菩薩有修有證？

如上述，各種修道內容、六度及佛之十力皆宛轉相攝，或修道品時、修六度時即是修佛之十力，若能調伏諸根，滿足六度波羅蜜，即是滿足十力，住佛威儀無異也。

以下說明六度攝四無所畏，如何於修六度道品中能含攝四無所畏：

1.一切智無畏者：世尊於大眾中師子吼，我為一切正智之人，無些微恐怖心也。即是了知四種苦諦，為他人廣為分別，說明眾生煩惱過患，決定師子吼，無些微怖畏相，並善知善說一切法及非法。

2.障道無畏者：世尊於大眾中師子吼，我斷盡一切煩惱，無些微怖心也。即佛了知四種四諦[19]，集諦諸煩惱相及障礙四種修道、寂滅等諸法，決定師子吼，無些微怖畏相。

3.盡苦道無畏者：佛能了知四種道諦中，能行是道，得滅盡諸苦，出離世間，決定師子吼，無些微怖畏相。

4.無漏無畏者：佛於四種滅諦各有所證、各有所滅，決定師子吼，無些微怖畏相。

以上所說六道品、四無畏宛轉相攝的情形，若修各種道品及六度，即是修四無所畏，住佛威儀也。

六度中，亦攝佛的十八不共法，即不共通於聲聞、緣覺，唯佛與菩薩特有之十八種功德法。

佛的十八不共法中，最初的「身無失、口無失」是屬於正業、正語、正命。獲得供養不會貢高我慢，遭受毀謗，心也不會起心動念，名「無不定心」，四威儀恆在定中，名「無不知己捨」。身修眾戒圓滿，心具眾善欲度眾生，心無厭足，名「欲無滅」；慈悲度人，安住寂滅，不增不減，名「精進無滅」；無量劫為一切眾生受苦，不疲不厭，名「念無滅」。常照三世眾生心，不須更觀而為說法，不失先念，名「慧無減」；憶三世事不忘，名「解脫無減」；自然覺悟，不同二乘，名「解脫知見無減」；一切身業，智慧為本，得無礙智，說不可盡，名「身業共智慧行」；「口意共智慧行」也是如是，凡十一法，是四種道品中十種之慧。如下圖：

十八不共法	四種道品（藏、通、別、圓）
身無失 口無失	——正業、語、命
無不定心 無不知已捨	——八種定
欲無減 精進無減 念無減	——八種精進
慧無減 解脫無減 解脫知見無減 身業共智慧行 口業共智慧行 意業共智慧行	——十種慧

身無失、口無失，此二項是屬「戒度」；無不定心、無不知已捨，此二項屬於「定度」；欲、

進、念無減，此三項屬於「精進度」。其餘十一者屬於慧無減、解脫無減、解脫知見無減、身口意三業隨智慧行。以上所說共有十三法，其餘五法，謂：智、慧、知三世、竟無失、無異想，文中雖無列出，但已合於慧無減、解脫無減中，一併解說了。

以下解釋六度亦含攝四無礙智的情形，諸佛於此四法智慧自在，捷疾無礙，了了通達，故名無礙。

所謂法無礙、義無礙、辭無礙、辯（樂說）無礙，此之四法，第一、第二是知藥方，第三是知病狀，第四是授藥。

四無礙智中，「法無礙」是四種四諦名字的法，名字從心分別，若無心者，誰來立名？既一心通達無量心，亦知一名能通達無量名，法義名稱屬不可盡，是名「法無礙」。諸法、諸名皆歸一義，所謂如實義，是名「義無礙」。十法界眾生言辭不同皆能了解，十法界眾生的聲音語辭皆入一音辭，知一法界即知解十法界，沒有罣礙，是名「辭無礙」。隨順眾生根機而巧妙演說，令眾生樂聞的智解辯才，是名「辯（樂說）無礙」。

「法無礙」即是說明藏通別圓四教的法；「義無礙」，四教法雖有層次分別，但皆是法藥；「辭無礙」是從十法界的病相來說的；「辯無礙」約四教的根機給予法藥。

又，「法無礙」是四諦法門；「義無礙」是四種道諦；「辭無礙」是四種苦諦。「樂說無礙」，以四種四諦巧赴機緣，旋轉交絡，說不可盡，令他歡喜聽聞，於一字中說一切字、一切義，赴一切音，令眾生隨其根性各霑利益。

以下解釋六度助道品，亦分攝六通、三明、四攝、陀羅尼、三十二相等。

含攝六神通者：眼、耳、如意三種神通，如調伏諸根中已說；他心通、宿命通、漏盡通，如於十力中說。攝三明者：如六神通中說。六神通與三明，於解釋「禪定境」時再廣為說明。

含攝四攝者：「布施攝」即是於四種道品中，屬於除覺分、捨覺分的範疇，因布施能去除慳貪故。「愛語攝」即是四種道品中的正業、正語、正命也。「利行攝、同事攝」即四種道品中的正定，定有神力，故能利行、同事等。如上圖：

四攝	四種道品
布施	除、捨覺分
愛語	正業、語、命
利行	正定
同事	

六度含攝陀羅尼者：所謂「陀羅尼」，華譯為總持，因總一切法，持無量義，故名。依《瑜伽師地論》說：陀羅尼略有四種，即所謂：1.「法陀羅尼」即對佛之教法聞持不忘（聞慧）。2.「義陀羅尼」即對佛法之義理總持不失（修慧）。3.「咒陀羅尼」即菩薩依定起咒，持咒神驗，怯除眾生之災患（修福）。4.「忍陀羅尼」即菩薩憑著實智，忍持法之實相而不忘失（修慧）。

故「陀羅尼」能「持諸善法」，如完好的器皿盛水；能「遮諸惡法」，如棘刺援防果子損壞。即是四種道品中的四正勤，勤斷二惡，勤生二善。

說明六度含攝「陀羅尼」的作用，以下引論典證明：

《十住毗婆沙論》偈云：「斷除已經產生的惡法，猶如滅除毒蛇一般；斷除未生的惡法，如預防流水氾濫成災。增長已經發生的善業，如灌溉所栽種甜美的甘果；使未生的善能令之生起，如鑽木取火一般。」故，六度中有「陀羅尼」，能增長助道品的修持效用。

以下，說明六度含攝三十二相。依天台四教來分四教的相好，略有不同：

1.藏教——生滅理諦

「三十二相」係轉輪聖王及佛之應化身所具足之三十二種殊勝容貌與微妙形相。由於如來三祇修福慧，百劫修相好，是故如來出生即具有三十二相。《十住毗婆沙論》中說：「《阿毗曇・相品》中，一一相中，有三種分別，所謂：相體（相的體性）、相業（成就相的行為）、相果（相好的果德）也。」即指如來三十二相具有相體、相業、相果三種分別。

《大智度論》所說的「百劫修三十二相好」即是此義也，如果以三藏教的修道品、六度來看，終不出布施、持戒、智慧等，因布施、持戒能生人天，以智慧引導各種行門。以上舉藏教的布施、持戒、智慧三項，說明六度亦含攝修持相好的內容。

2.通教——無生理諦

通教的相體、相業、相果者，是不同於藏教。若以外在的相好，以為就是佛，那具足三十相的轉輪聖王即是如來，這是人行邪道，不能見如來的。《金剛般若經》說：「如來說三十二相，即是非相，是名三十二相。」一一悉用蕩除煩惱的清淨心，與空相應，乃名為相好也。如《大毗婆沙論》亦云：「菩薩一心修習三十二相業，皆以（空）慧為本。」如此修的話，三十二相皆為道品十慧及智（般若）度所攝，即是通教意。

前面的藏教與通教，以生滅與無生的教門義，修持三十二相；其果德尚屬有相之體。雖然於三十二的莊嚴相好，略勝於轉輪聖王；但此相好，魔亦能示現，故非奇特之事；若入無餘涅槃，此相好就隨之而滅。故，藏教與通教之佛，非真修相好。於別教與圓教之教義門，方是真修。

前面所說的藏教與通教，非真修佛之相好，要證得個中道理，方能具足法身、報身、應化身之佛身。如《法華經》上說：「深達罪福相，遍照於十方，微妙淨法身，具相三十二。」[20]

又，如《法華經》中佛為二乘人開示悟入佛之知見，讓二乘人亦能契入中道，即是授與八相成道。（《法華經》說：「諸佛如來但教化菩薩，諸有所作常為一事，唯以佛之知見示悟眾生。」）譬如獲得明鏡，萬種形相能於鏡中顯現。大乘人證得中道，亦是無所不現；大乘之法身相，名為真相。

《淨名經》（《維摩經》）說：「已捨世間所有相好。」這是從大乘菩薩的立場說的。轉輪聖王、魔羅（魔王）具有世間的相好莊嚴，皆是虛妄，故說「已捨」。在中道的明鏡中，本無世間諸相，但無（空）相而有相者，美醜由它，多少隨緣，普現色身，即是真相也。

3.別教、圓教之法身現相

《無量壽觀經》說：「阿彌陀佛八萬四千相，一一相具八萬四千好。」《大薩遮尼乾子所說經》、《華嚴經》皆說：「相為大相海；好為小相海。」既說相海，豈局限在三十二相？因為緣不同，多少會有差別。此真實之相為別教、圓教兩道品所含攝，其意義從中可知。

當知，六度之助道品含攝諸善法，是無量無邊的，以上列舉十力、四無所畏、十八不共法、六通、三明、四無礙辯、陀羅尼、三十二相等含攝的情形，助道品尚且有如是修道的助益，何況是正道？

【註】

1 五下分結：即三界中之下分界（欲界）之五種結惑，繫縛眾生，令其不得超脫其界。即：(1)欲貪，(2)瞋恚，(3)有身見（執著我見），(4)戒禁取見，(5)疑。

2 十波羅蜜為《金光明最勝王經》卷四所說，六波羅蜜外之四波羅蜜：(1)方便波羅蜜，又作漚波耶波羅蜜，指救濟眾生之巧妙方法。(2)願波羅蜜，又作泥滓那波羅蜜，謂得智慧（即菩提）後，救濟眾生的殊勝之願。(3)力波羅蜜，又作婆羅波羅蜜，謂能正確判斷所修所行的全然之能力。(4)智波羅蜜，又作若那波羅蜜，謂享受菩提之樂，並教導眾生得全然之智慧。

3 生生：藏教所謂諸法皆依因緣而生之說。生不生：通教謂諸法依因緣而生，然其本來為空，故稱生不生。不生生：別教謂真如不生之理，依因緣之結合而生出十界之差別相，故稱不生生。不生不生：圓教謂真如之理與十界之差別相無二，兩者本為本來不生之中道實相，故稱不生不生。

4 覺與觀：粗心名「覺」，細心名「觀」，二者都能擾亂定心。

5 九想觀：一脹想，二壞想，三血塗想，四脹爛想，五青瘀想，六啖想，七散想，八骨想，九燒想而復以死想，為初方便。此法能轉不淨中淨顛倒想，能破淫欲諸煩惱賊，故為出世間禪。

6 六種蔽害指慳吝、毀犯、瞋心、懈怠、散亂、愚癡。

7 參閱《最勝問菩薩十住除垢斷結經》所說，菩薩摩訶薩至空法界當修「十慧」。

8 依《最勝問菩薩十住除垢斷結經》所說：菩薩摩訶薩至空法界當修「十慧」，即：(1)觀諸眾生若干種心、若干種行悉知，是謂菩薩慧。(2)觀一切眾生若干種心、若干種報悉知。(3)寂寞無言，如務魄太子盡知眾生心意所念。(4)知諸眾生異心異行，以佛聖慧而教授之。(5)從久遠以來修於法性，不捨衍心。(6)安處眾生，住佛所住。(7)以佛聖慧盡知五趣心意識念。(8)言有所說不捨大乘。(9)得佛心識，定意不亂。(10)度心無量，不處解脫，亦復不見眾生度者。

9 天台四教中，別教說三諦隔歷，於空假之外別立中道一理，稱為但中。

10 除覺支亦名輕安覺支，謂斷除諸見煩惱也，即除去身心粗重煩惱而得輕快安樂。

11 捨覺分即捨離一切虛妄的法，平心坦懷，更不追憶，而力行正法。

12 三觀一心：即一心三觀，即於一念心中能圓觀三諦。謂觀一念心畢竟無有，淨若虛空，稱為空觀；能觀之心、所觀之境皆歷歷分明，稱為假觀；雖歷歷分明，然性常自空，空不定於空，假不定於假，稱為中觀。即三而一，即一而三，是為一心三觀。

13 慧眼：為二乘人之眼，能識出真空無相。

14 法眼：即菩薩為救度一切眾生，能照見一切法門之眼。

15 佛眼：此眼無不見知，洞徹法性，名為佛眼。

16 四無所畏：正等覺無畏、漏永盡無畏、說障法無畏、說出道無畏。

17 諸佛有十八種功德法不共通聲聞、緣覺、菩薩，諸佛：(1)身無失；(2)口無失；(3)念無失；(4)無異想；(5)無不定心；(6)無不知已捨心；(7)欲無減；(8)精進無減；(9)念無減；(10)慧無減；(11)解脫無減；(12)解脫知見無減；(13)一切身業隨智慧行；(14)一切口業隨智慧行；(15)一切意業隨智慧行；(16)智慧知見過去世無礙無障；(17)智慧知見未來世無礙無障；(18)智慧知見現在世無礙無障。

18 羯磨：梵文karma的音譯，意為業或辦事，指佛教中按照戒律的規定處理僧團和各人事物的各種活動。通常須由一定範圍內的全體僧眾集會來決定某一樁事，集會時，由羯磨師主事，表決方式為口頭問答，徵求同意與否。在受具足戒時，舉行的白四羯磨，為受戒羯磨的一種，此又稱一白三羯磨。受戒時「三師」之一的羯磨師，向僧眾宣告某某提出出家要求（此為一白），然後連問三次（此為三羯磨），若僧眾無異議，則准予授戒為僧。

19 四種四諦：即天台宗藏通別圓四教行人所修的生滅、無生、無量、無作四諦，佛能善知、善行、善說、善證。

20 此句出自《法華經・提婆達多品》第十二。罪福相，謂十法界一切因緣果報之相，佛於此十界差別之相悉皆遍照，遍照了知等同法界、虛空，此為佛之報身。深達實相之智體，本來微妙清淨，此為佛之法身。相好莊嚴，此為佛之應化身。

【人間般若021】

課堂上的摩訶止觀・貳

作　　者　永　本
畫作提供　小魚（陳正隆）

總 編 輯　賴瀅如
主　　編　田美玲
編　　輯　蔡惠琪
美術設計　不倒翁視覺創意・翁翁

出版・發行　香海文化事業有限公司
發 行 人　慈容法師
執 行 長　妙蘊法師

地　　址　241新北市三重區三和路三段117號6樓
　　　　　110臺北市信義區松隆路327號9樓
電　　話　(02)2971-6868
傳　　真　(02)2971-6577
香海悅讀網　www.gandha.com.tw
電子信箱　gandha@gandha.com.tw
劃撥帳號　19110467
戶　　名　香海文化事業有限公司

總 經 銷　時報文化出版企業股份有限公司
地　　址　333桃園縣龜山鄉萬壽路二段351號
電　　話　(02)2306-6842

法律顧問　舒建中・毛英富
登 記 證　局版北市業字第1107號

定　　價　新臺幣320元
出　　版　2019年10月初版一刷
I S B N　978-986-97229-7-1
建議分類　天台宗｜佛教修持

國家圖書館出版品預行編目(CIP)資料

課堂上的摩訶止觀 / 永本作. -- 初版. -- 新北：香海文化, 2019.10
冊；14.8×21公分
ISBN 978-986-97229-6-4 (第1冊：平裝). --
ISBN 978-986-97229-7-1 (第2冊：平裝). --
ISBN 978-986-97229-8-8 (第3冊：平裝). --
ISBN 978-986-97229-9-5 (全套：平裝)

1.天台宗 2.佛教修持

226.42　　108008659